U0641535

分身有术

中国书画复制技术

王赫 / 著

人民东方出版传媒
东方出版社

图书在版编目（CIP）数据

分身有术：中国书画复制技术 / 王赫著 . —北京：东方出版社，2021.2
ISBN 978-7-5207-1873-8

Ⅰ . ①分… Ⅱ . ①王… Ⅲ . ①书画艺术 – 文物复制 – 中国 Ⅳ . ① G263

中国版本图书馆 CIP 数据核字（2020）第 256707 号

分身有术：中国书画复制技术
（ FENSHENYOUSHU: ZHONGGUO SHUHUA FUZHI JISHU ）
王　赫　著

责任编辑：　张　　旭
责任审校：　谷轶波
出　　版：　东方出版社
发　　行：　人民东方出版传媒有限公司
地　　址：　北京市西城区北三环中路 6 号
邮　　编：　100120
印　　刷：　北京雅昌艺术印刷有限公司
版　　次：　2021 年 2 月第 1 版
印　　次：　2021 年 2 月北京第 1 次印刷
开　　本：　710 毫米 ×1000 毫米　1/16
印　　张：　16
字　　数：　240 千字
书　　号：　ISBN 978-7-5207-1873-8
定　　价：　78.00 元
发行电话：（010）85924663　85924644　85924641

序 言

郭文林

　　中国书画艺术在世界美术界具有独树一帜的审美和艺术表达，那些书画艺术珍品的流传保存，除了依靠历代收藏家的收藏外，还有一个重要的手段就是书画的临摹复制。书画临摹出现的时间虽然没有确切的记载，但其历史最早可追溯到公元 3 世纪，可以说是与卷轴书画创作几乎同时出现的一种技艺。

　　书画临摹最早是作为学习书画的一种手段而存在的，同时它又具有保护和延续前代艺术珍品的作用。杰出的复制品又成为"下真迹一等"的收藏品，受到越来越多人的重视和认可。通过历代书画摹本，我们可以目睹古人书画精品的面貌，这些摹本对于我国书画艺术的流传和继承，有不可磨灭的历史性功绩。最著名的例子就是关于《兰亭序》的复制，我们今天所见的《兰亭序》都是临摹本，王羲之的真实手迹已不得见。试想，在书法史上占有如此重要位置的艺术珍品，在千百年后的今天，如果没有其真迹（或者说可确信的真迹）流传下来，使我们不能目睹伟大艺术家作品的风采，而仅能从文献记载中去抽象地了解，该是多么大的憾事。可庆幸的是，我们能通过流传有据的可靠摹本，得以窥见王羲之书法艺术的风貌，这足以说明摹本的珍贵，当属国家级宝贵文化遗产。

　　通过历代书画摹本，我们可以了解当时书法、绘画技法的发展和传承状况、人文地理、社会风俗等各方面的知识。可见书画临摹技艺具有相当重要的地位。早在南朝时期，谢赫就把"传移摹写"作为书画六法之一加以论述，足以说明在那时人们就对书画临摹有了相当的理解和重视。随着社会的发展和技术的进步，除了人工临摹以外，又出现了多种复制技术，如木版印刷、珂罗版印刷、胶版印刷、照相复制、电脑数字化复制等，这些复制技术的出现有效补充了人工临摹的不足（人工临摹只能临摹工笔书画作品，对于写意书画就无能为力了），可以快速准确和进行大批量的复制，特别是近年来出现的电脑数字喷绘复制技术，复制效果极佳，已成为当今复制领域的主要手段。

故宫博物院开展书画临摹工作，主要是为了更好地保护书画文物原件，在展出条件不利时，或是需要长期展出的时候，可以用临摹品替代原件展出。临摹古书画并不是简单的线条勾勒、赋色着墨，不仅要临摹出原件的外在形态，更要反映出原件的内在精神。如同其他艺术创作一样，书画复制须付出极大劳动，是一种艺术的"再创作"过程。一件临摹品有时要经过长达几年的耐心摹写，反复制作，才能临摹出一幅形神兼备的成功之作。作为一名临摹师，一生也只能有几幅成功的作品，这也足见临摹品之珍贵。正如故宫博物院杨新院长所说："纸寿千年，绢寿八百。历代文物经历千百年流传至今，已进入风烛残年了。此时，我们把它们临摹复制出来，如同给了它们新的生命，又可以延续千百年的时间。"故宫博物院于20世纪六七十年代独创了照相复制技术，经过工作人员的多次试验和工艺上的逐步完善，此技术可以进行水墨写意书画的复制，为此，于1978年还获得了全国科技大会奖，是故宫博物院独有的一项书画复制技艺。

王赫是毕业于清华美院的高才生，2008年进入故宫博物院从事书画复制工作，他对传统书画有着浓厚的兴趣，又经传统文化氛围的长期熏陶，使他对古书画有了深刻的理解和认识。一方面，他用当代人的视角去观察理解传统艺术，将古老艺术和现代意识完美地结合，创造性地把宋人绘画和现代叙事结合在一起，创作出许多穿越时空的绘画作品；另一方面，在长期的书画复制工作中，他善于对传统和现代的复制手段进行总结和比较。本书把中国书画的各种复制方法都加以详细论述，使大家能够知晓其中的奥秘和各种复制方法的特点以及局限性，是难得的有关书画复制技术的集中展示，是喜欢传统书画艺术的广大读者的福音。

2020 年 7 月

前　言

　　人们如何看待"书画复制"？这是一个有趣的问题。从文字上看，这几个字毫不晦涩，每个人几乎都觉得了解其应有之义。但当人们真的开始谈论起这个话题时，就会发现他们所指多有不同，其间充斥着各种混淆、误读甚至偏见。人们或嗤之以鼻，认为书画复制是"作赝"欺世；或将其神秘化，变得不可言说。而对于书画复制品一方面是极度轻视，认为"复制品"毫无价值；另一方面却在追捧历史上的"复制品"并将其神化。我日常所经历最常见的误会就是将"书画复制"与"书画修复"混为一谈。造成这种奇怪状况的原因，恐怕是对"书画复制"的不了解或误解。

　　正因如此，我想有必要对有关书画复制与复制品的问题进行一次较为系统的梳理，这一梳理将以书画复制技术为抓手而展开，讨论范围也将限定于中国书画复制的范畴内。这是因为中国绘画、书法相对西方绘画具有明显的差异性，因而也产生出与其相适应的书画复制技术。本书之前，徐邦达的《书画鉴定概论》、王以坤的《书画鉴定简述》、谢稚柳的《中国书画鉴定》从辨伪的角度对中国书画复制品有所讨论。冯忠莲的《古书画副本摹制技法》、沈亚洲的《中国古代书画的复制》、郭文林的《书画临摹基础技法》则从绘制技法的角度对传统的人工临摹技术进行论述。随着时代的发展，不断有新的科技手段被应用到中国书画的复制当中，促使复制技术不断地演进。本书在梳理古代复制技术的基础上，将系统地论述近百年来新产生的书画复制技术，继而对这些新技术所制作出的复制品鉴别进行讨论。

　　鉴于绝大多数读者没有近距离观察书画原件与复制品的经验，仅仅了解相关理论如同隔靴搔痒，无法获得真实、直观的体验，因此本书在最后的章节中将结合具体的书画复制案例和相应的高清图像，论述复制过程中的技术细节，期望达到一图胜千言的效果，以此为之前的论述提供翔实的案例支持。相信通过本书，读者可以更系统全面地了解中国书画复制技术，并由此获得对书画复制与复制品更加客观、真实的认识。

在本书的写作中，我得到了很多帮助。关于书画复制的历史与发展，以及复制案例中的作品信息涉及大量美术史的相关研究，我参考了许多行业专家的论著。对这些研究及学者的谢意将体现在注释中。另外需要特别感谢人工临摹复制技艺的非遗传承人郭文林先生，感谢他在人工临摹复制方面对我的授业之恩，没有他我是无法掌握临摹复制技艺的，更无从将所学转化为文字与读者分享。关于珂罗版复制技术与木版水印复制技术的内容，要分别感谢印刷技术研究所的吴学英女士和荣宝斋的李扬先生给予我的详细指点。本书中涉及书画装裱方面的内容，要感谢故宫博物院的徐建华先生、杨泽华先生以及时倩女士。在他们的帮助下，许多书画综合复制方法的有效性得以验证。最后，我要感谢我的太太和孩子，在新冠肺炎病毒肆虐的艰难时刻给予我的体谅与支持，使我能投入更多时间完成此书。

目　录

第一章

书画复制的起源与发展

身处当下信息获取极为便捷的时代，我们不知不觉间很容易忽视古人想让信息准确传播的渴望，以及将其实现的艰难程度。古人采用人工抄录、雕版印刷、活字印刷等手段逐步降低着文字信息传播的难度。在古代，图像信息的主要来源之一是绘画，其中也包括书写出的文字构成的准确形象，即书法作品，但在现代全彩印刷技术产生之前，对图像信息的准确传播一直没有可以推而广之的有效手段。之所以要在有效手段前增加"推而广之"这个定语，是因为历史上确实存在着可以准确传播图像信息的方法，只不过这种方法既复杂又代价极为昂贵，无法广泛使用，这种方法就是书画复制技术。

一、从《兰亭序》说起

对中国书画稍有常识的人都知道《兰亭序》，"天下第一行书"的名号不可谓不响亮。可就是这件大名鼎鼎的杰作，至今存世的实际上却是复制品；更准确地说，"《兰亭序》们"均是不折不扣的复制品，而且数量还颇具规模。谢稚柳主编的《中国书画鉴定》一书写道："现在《兰亭序》的本子多至百多本。"[1] 关于《兰亭序》，流传的故事颇为传奇。东晋永和九年，即公元353年，王羲之与朋友们在今天浙江绍兴的兰亭聚会，到场的人即兴赋诗并在活动之后将诗作结成集，王羲之为之作序，这便是《兰亭序》的来历。此后这件作品由王羲之的七世孙智永传给弟子辩才。到唐太宗时，太宗对王羲之的书法极为喜爱，派萧翼设计将《兰亭序》收入内府，上演了千古知名的一出"萧翼赚兰亭"的经典剧目。

据唐代张彦远《书法要录》记载，唐太宗得到《兰亭序》后"命供奉拓书人赵模、韩道政、冯承素、诸葛贞等四人各拓数本以赐皇太子诸王近臣"。[2] 可能唐太宗太喜欢这件书法作品了，临死前竟以孝道为由要求以其陪葬玄宫。同样源自《书法要录》的记载，"贞观二十三年，圣躬不豫，幸玉华宫含风殿。临崩，谓高宗曰：吾欲从汝求一物，汝诚孝也，岂能违吾心耶，汝意何

---

① 谢稚柳：《中国书画鉴定》，东方出版中心2008年版，第216页。
② 张彦远：《书法要录》卷三，清乾隆文渊阁四库全书钞浙江巡抚采进本，第39页。

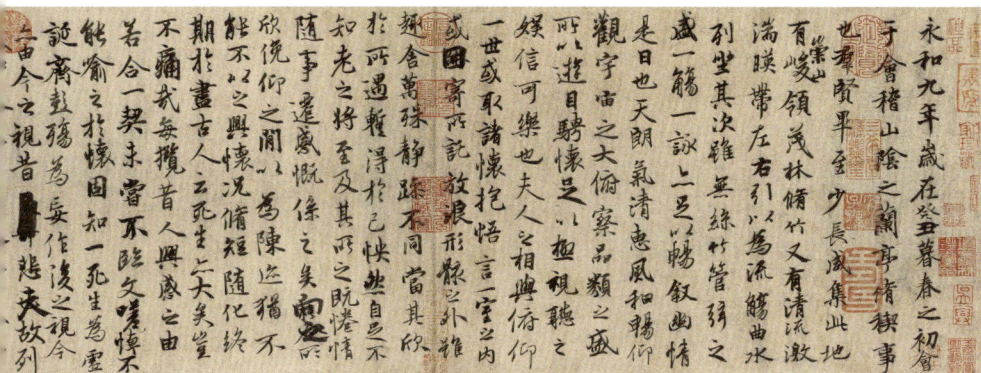

图 1.1 （唐）冯承素摹神龙本《兰亭序》，故宫博物院藏

如？高宗哽咽流涕，引耳而听受制命。太宗曰：吾所欲得兰亭，可与我将去。后随仙驾入玄宫矣"。① 自此之后，后世之人再无缘得见这件书法真迹，幸而有当时制作的复制品存世，今人才有机会窥见这件"天下第一行书"的风貌。（图 1.1）

从《书法要录》的记载中可以得知，唐太宗时宫廷中就有专门的供奉搨书人。从现今传世的唐代摹本中也可以领略到当时这些宫廷供奉高超的临摹技艺。可见至少到唐太宗时对书法的复制技艺就已经相当纯熟，可以制作出非常精妙的书法复制品了。而我国对于复制活动本身的记载还要更早，至少在"书圣"王羲之生活的东晋年间就已经有了。据《南齐书》记载："王右军自书表，晋穆帝令翼写，题后答右军。当时不别，久后方悟。云：'小人几欲乱真。'"② 唐代的王维被誉为中国文人画的开山之人，他将自己居住的辋川别业景色绘制在清源寺墙壁上，即为著名的《辋川图》。《历代名画记》记载："清源寺壁上画辋川，笔力雄壮。"③ 可惜在唐武宗会昌五年（公元 845 年）的灭佛运动中清源寺被毁弃，《辋川图》也随之消失。直到宋代，《辋川图》才再次现世。北宋黄庭坚在《山谷集》中记载"王摩诘自作辋川图，笔墨可谓造微入妙。然世有两本。一本用矮纸，一本用高纸"。④ 有说法认为

① 张彦远：《书法要录》卷三，清乾隆文渊阁四库全书钞浙江巡抚采进本，第 39 页。
② 萧子显：《南齐书》卷三十三，清乾隆文渊阁四库全书钞内府刊本，第 9 页。
③ 张彦远：《历代名画记》卷十，清乾隆文渊阁四库全书钞两江总督采进本，第 1 页。
④ 黄庭坚：《山谷集卷二十七》，清乾隆文渊阁四库全书钞安徽巡抚采进本，第 5 页。

3

图 1.2　（清）王原祁《辋川图卷》（局部），美国纽约大都会艺术博物馆藏

其中一件是壁画的稿本，但至少另外一件可以确定是后世的复制品。黄庭坚对两件画作进行了评价："意皆出摩诘不疑，临摹得人，犹可见得意于林泉之仿佛。"① 可见这两件画作的水平很高。《辋川图》的意象借复制品得以流传，继而成为中国传统山水延续千年的重要母题。（图 1.2）

　　虽然目前缺乏唐代以前的实物证据，但仍可以推论出，对于缺乏印刷传播手段的上古直至中古时代，对书画作品的传播需求只有通过复制来满足。当人们不满足于仅仅以文字为载体的信息传递，进而对图像信息的传递开始有需求，并试图尽可能高质量地传播这些信息时，对书画进行复制的行为便自然产生了。发展到晋唐时就出现了前文所述的复制活动，发展至宋代更出现了极为繁盛的官方主导下的书画复制活动。

——————————

① 黄庭坚：《山谷集卷二十七》，清乾隆文渊阁四库全书钞安徽巡抚采进本，第 5 页。

后世之人谈及书画复制品往往用"下真迹一等"来描述，致使很多人轻视复制品的价值。实际上这是一种用今人的语境去评价古人行为的谬误。在人类获得现代印刷技术之前，人工的临摹复制可以说是复制书画的唯一方法。高水准的临摹复制品在任何时候都是极为难得的。唐太宗令供奉搨书人复制的《兰亭序》，若论艺术价值，即便在原件仍存世的唐代也是极为珍贵钧。所谓"今赵模等所搨在者，一本尚直钱数万也"。① 即便是印刷传播技术高度发达的当代，普通的印刷品或电子影像与高水准的书画复制品之间依然有着巨大的区别。

对于《兰亭序》而言，原件的消失更加凸显了诸多复制品的珍贵价值。清乾隆四十四年（公元 1779 年），乾隆皇帝将历代书法家摹写的《兰亭序》及柳公权的《兰亭诗》等八件书法作品摹勒于圆明园亭子的石柱之上，这个

---

① 张彦远：《书法要录》卷三，清乾隆文渊阁四库全书钞浙江巡抚采进本，第 39 页。

亭子即著名的兰亭八柱亭，"兰亭八柱"也由此得名。[①] 这八柱分别是：第一柱唐虞世南临《兰亭序帖》、第二柱唐褚遂良摹《兰亭序帖》、第三柱唐冯承素摹《兰亭序帖》、第四柱唐柳公权书《兰亭诗》、第五柱清内府钩填戏鸿堂刻柳公权书《兰亭诗》、第六柱清于敏中补戏鸿堂刻柳公权书《兰亭诗》阙笔、第七柱明董其昌临柳公权书《兰亭诗》、第八柱清乾隆临董其昌临柳公权书《兰亭诗》。

这八件作品可以说是清及以前历代对《兰亭序》各有侧重的复制范本。其中前三柱是今人仍能看到的最接近《兰亭序》原作的墨迹，至于其中有的是"临本"有的是"摹本"，其间的区别将在下文"'临'与'摹'，'仿'与'造'"一节中进行讨论。

二、"临"与"摹"，"仿"与"造"

（一）"临"与"摹"

上一节中论及"兰亭八柱"，其中前三柱分别是：虞世南临《兰亭序帖》、褚遂良摹《兰亭序帖》、冯承素摹《兰亭序帖》。对于这三件作品谁为"临本"谁为"摹本"，学术界尚有争议，但由此不难看出在古汉语中"临"与"摹"之间是有明确的区别的。由于语言的演化，现代人往往"临摹"并用，描述对书画作品的"复制""拷贝"行为。如此一来，"临"与"摹"就变得含混不清。想要搞清楚书画复制的原委，"临"与"摹"是首先要明辨的最基础概念之一。

北宋书法理论家黄伯思所著的《东观余论》中有专门的文字论临摹二法："世人多不晓临摹之别。临，谓以纸在古帖旁观其形势而学之，若临渊之临，故谓之临。摹，谓以薄纸复古帖上，随其细大而拓之，若摹画之摹，故谓之摹。又有以厚纸复帖上，就明牖景而摹之又谓之响拓焉。临之与摹二者迥殊不可乱也。"[②]

---

① 李艳霞：《再现清宫宝藏浅议〈兰亭序〉与〈兰亭八柱〉》，《收藏家》2006 年第 10 期，第 14 页。
② 黄伯思：《东观余论》卷上，清乾隆文渊阁四库全书钞浙闽总督采进本，第 54 页。

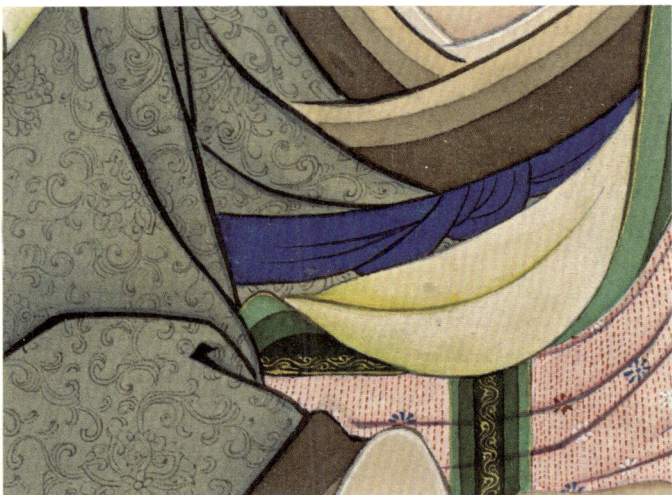

图1.3 在（清）丁观鹏《第九拔嘎沽拉尊者》复制品中，衣着纹饰采用"对临"的方式进行复制

黄伯思的论述虽然主要是针对书法的复制而言的，但对于绘画的复制同样适用。古书画临摹复制技艺国家级传承人郭文林对此的解释为："'临'就是要首先仔细研究原画，深刻领会原画的用笔、用墨、用色以及章法构图等特点，细心揣摩，仔细研究，并将原画的特点都一一记在心中。而后在另纸上对照原画，挥洒自如，一气呵成地把原画再现出来，不必处处与原画相合。也不必刻意地追求原画的'细小枝节'，以致'失其大貌'，而达不到预期的效果。"[①] 可见"临"是要求"临其大貌"而不被细枝末节所牵绊。历史上很多书画的"临本"单独看来效果都比较自然流畅，但细节上与原件都会存在较大的差异。在对书画进行复制的实际操作中，"临"依然可以作为一种有效的辅助手段，时常在处理一些如"翎毛""草叶""纹饰"等非常细小无法完全对应描摹的细节时发挥作用。（图1.3）

黄伯思讲的"摹"是以薄纸覆盖在古帖上面，根据文字的粗细转折将文字拓下来，对于绘画也是同样。"按照原画的线条准确地勾描出稿子来，再撤掉原画，把画纸放在稿子上，参看原画，纤毫毕现地画出来，摹本要求笔笔精到，处处与原画一致，而且还要做到'形'与'神'都符合原画的面貌。"[②] 现当代

---

① 郭文林：《书画临摹基础技法》，北京燕山出版社2010年版，第20页。
② 同上书，第21页。

图 1.4　冯忠莲摹《清明上河图》(局部)

多使用硫酸纸与透明的聚酯薄膜（俗称"透明胶版"）代替"薄纸"覆盖在原画上进行勾摹。拷贝台的广泛应用使如今的复制者也不必"就明牖景而摹之"了。

　　"摹"的优势是相对于原作可以做到纤毫毕现丝毫不差，因此"摹画"实际上是人工复制书画最主要的方法。这种复制方式就决定了"摹画"一般适合复制线条、色彩边缘明确的工笔类绘画和行书、楷书一类的书法作品。流传至今的如《兰亭序》的诸多摹本、《虢国夫人游春图》《捣练图》以及冯忠莲所复制的《清明上河图》等均属于这一类。（图 1.4）对于一些写意类的绘画和书法中的草书、飞白书而言，即便是最细致的描摹也很难准确地再现原作的风貌，相反，刻意描摹还会使图像和文字变得死板僵硬失去神采，这也是鉴别伪作的重要特征。

（二）"仿"与"造"

　　本节虽然将"临""摹""仿""造"并列，但是对"临"与"摹"完全是作为书画复制的技法加以论述的。反观"仿"与"造"，则并非单指复制技法本身，而是与书画复制行为，甚至书画作伪活动紧密联系在一起的。

　　如果抛开复制动机，在古代对书画作品的复制方法大抵脱不开"临""摹"二法，只是"临""摹"的技巧有高下之分，因而复制出的作品也有云泥之别。但如果复制行为掺杂了欺世牟利的目的，就可以用"仿""造"来描述了。"仿"指刻意按照某一位画家或者某一画派的风格去仿制画作，以求达到欺世的目的。具体的仿制方法是既可以临摹既有的真品，也可以模仿相应的绘画风格凭空仿制，至于仿品的水平则有高有低。将这种以牟利为目的刻意造假行为称为"仿"，更多的是一种带有否定意味的约定俗成的说法。之所以说是约定俗成，是因为这种说法十分含混，也存在着完全不同的反例。比如明代董其昌提倡复古，往往要标榜自己画法的渊源，常在自己的作品上标明"仿"某家，如"仿董源""仿范宽""仿黄子久"，等等。[①]这种做法一直延续到清代，在"四王"的作品中比比皆是，但这种"仿作"大多不含有欺世的目的。画作中的笔法风格带有画家鲜明的个人色彩，与所"仿"之人的作品有着显著区别。这种"仿"只能看作一场艺术运动的特有标志或者画家的一种艺术宣言。方闻指出中国绘画"延续了'谱系'的模式，将中国绘画史视为典范的风格传统，

---

① 参见谢稚柳《中国书画鉴定》，东方出版中心 2008 年版，第 236 页。

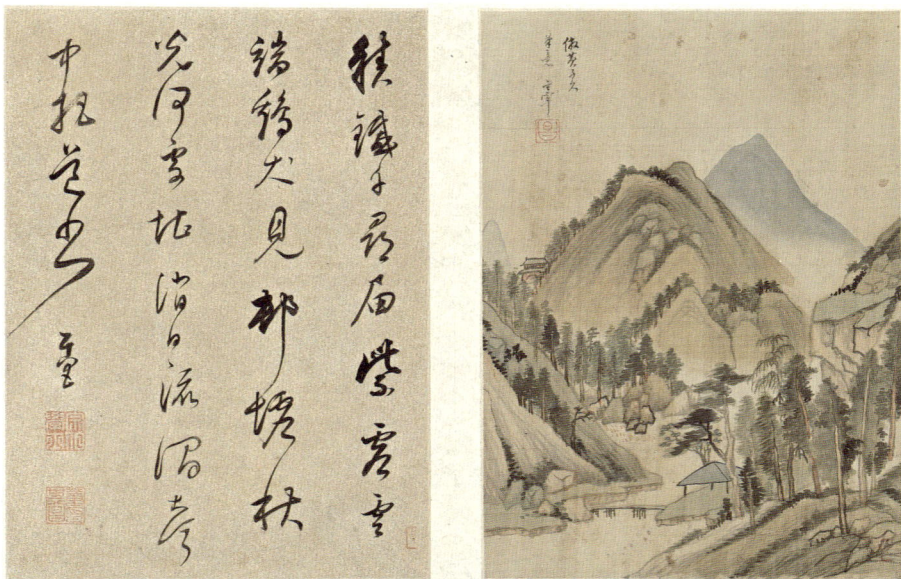

图 1.5　（明）董其昌《山水册》（题款：仿黄子久笔意 玄宰），故宫博物院藏

每一个独立的世系源自卓越的早期艺术大师，并在后世的模仿者和追随者中延续"。因此对于"仿作"还是需要加以详细的鉴别区分。（图 1.5）

至于"造"，则是一种根本不考虑"原本"，随意凭空伪造的作伪。其做法通常是在伪本上随意写一些历史上名人的名字，如岳飞、文天祥、海瑞，等等。这种伪造一般会假托名气大但没有传世作品的人物，主要是取其无有对证便于欺人。①除此之外，"造"还通常描述一种带有很强地域性的规模化作伪，因此这类伪作往往具有相似的风格，题材也很雷同。历史上著名的有"苏州片""河南造""湖南造""北京后门造""扬州皮匠刀"，等等。

三、工笔与写意

"写意"一词按说应该与"写实"相对。但《现代汉语词典》（第 7 版）对写意的解释为："国画的一种画法，用笔不求工细，注重神态的表现和抒发作者的情趣（区别于'工笔'）。"这里便沿用上述对这个概念的解释，

---

① 参见徐邦达《五谈古书画鉴别——对作伪的方式、方法的鉴定》，《故宫博物院院刊》1981 年第 2 期，第 59 页。

将之与工笔同列，况且中国画确实也没有"写实画"这一说法。中国画中的写实功能确实主要由"工笔"来承担。

在中国绘画发展的早期，"工笔"与"写意"的说法并不存在。众所周知，中国画首先成熟的是人物画，战国时期的《人物御龙帛画》和马王堆汉墓出土的 T 形帛画都是实证。随后，魏晋南北朝时期传为顾恺之作品的《女史箴图》和《洛神赋图》也都是论及中国绘画发展史绕不开的巨迹。马王堆 T 形帛画分三部分描绘了天上、人间、地下的世界。《女史箴图》将三国张华所著《女史箴》一文以一种连环画的形式绘制到长卷上，内容是古代妇女应遵守的行为规范。①《洛神赋图》则是将曹植的《洛神赋》以绘画的方式展现出来。可见在发展的早期，中国绘画是有十分明确的叙事功能的，所谓"成教化，助人伦"。这就要求绘画本身要具有较强的"叙事"和"写实"功能。中国绘画用"线"实现了这种功能，相较于同时期的埃及"法尤姆肖像"，用线与使用光影和体积造型的分野已经出现。

很难说清是绘画材料塑造了中国绘画用线造型的独特性，还是中国绘画的独特性衍生出了相应的绘画材料与工具。但二者势必要相互适应才能造就辉煌灿烂的中国书画艺术。在造纸术诞生以前，中国的书法和绘画都将丝织品作为载体，而想让丝织品具备优良的可书写与绘画性，就需要对其进行捶打或涂刷胶矾。在经过处理的丝绢上，墨线可以进行精确的描绘，其他矿物质颜色也可以进行反复的渲染，这使得中国画的"叙事"与"写实"功能得以实现。发展到今日，这种绘画方法被人们统称为"工笔"或"工笔重彩"，其中重彩指的是使用矿物质颜料进行绘画。

相对于"工笔"，"写意"绘画也是伴随着绘画诉求的演变与绘画工具、材料的演进诞生与发展的。绘画诉求或者说艺术追求的演变源于绘画参与者的改变。元代以前绘画的参与者主要是以绘画为生的"职业画家"，绘画主要服务于皇室与宫廷，这种现象在北宋宣和书画院达到顶峰。随着宋代的灭亡皇家画院不复存在，在蒙元的统治下实行"民分四等"的统治，汉人沦为"三等"和"四等"人。这时出现了很多隐居不仕的文人画家，即便是身居高位

---

① 参见杨仁恺《中国书画》，上海古籍出版社 2001 年版，第 15 页。

的画家如赵孟頫也带有强烈的遗民画家色彩。随之而来的是"文人画"的兴起，文人画家将绘画视作移情寄兴的手段，借以表现自我人格与个性。① 从文人画的表现内容来看，人物画的数量比起山水画相对减少，其主要原因是由于一般画家对人生抱着一种冷漠态度。山水画相对于人物花鸟画来说对"叙事"和"写实"的需求降低了，而对用笔用墨的要求却提高了。赵孟頫就提出以书入画的著名理论："石如飞白木如籀，写竹还应八法通。若也有人能会此，须知书画本来同。"这种艺术追求一方面适应了当时汉族士大夫的整体心态，另一方面也降低了绘画的门槛。毕竟对于普遍擅长书法的士大夫阶层，弱化绘画的叙事写实功能可以更加容易地参与到绘画活动中来。因此高居翰认为所谓"文人画"实际上是"非职业画家的绘画"。

在绘画诉求与绘画参与者发生剧烈变化的同时，绘画工具、材料也在改变。元代使用纸进行绘画创作的情况逐渐增加。"元四家"之一倪瓒的存世作品中大量为纸本作品，另一位画家黄公望著名的《富春山居图》也是纸本作品。这些纸还不是现代意义上人们俗称的"宣纸"。宣纸得名源于其产地，唐代池纸、歙纸、宣州纸的产地都曾在宣州府治下，因此这些纸统称"宣纸"。

图 1.6 （北齐）杨子华《北齐校书图》，美国波士顿美术馆藏

---

① 参见杨仁恺《中国书画》，上海古籍出版社 2001 年版，第 289 页。

由于造纸材料、生产工艺的发展和演变,宣纸发展存在着"古宣纸"与"今宣纸"的区别。[1]有一种观点认为"古宣纸"使用楮树皮或桑皮作为造纸原料,而"今宣纸"使用青檀皮与沙田稻草作为造纸原料。但这种观点也存在争议,20世纪80年代轻工业部造纸工业科学研究所曾对故宫博物院藏展子虔《游春图》和韩滉《五牛图》进行检测分析,两件作品上的托心纸与绘画用纸均为100%的青檀皮纤维,[2]可见使用青檀皮造纸的历史可以向更早追溯,"古宣纸"与"今宣纸"的分界也需重新厘定。由此可见,作为书画重要载体的纸张,在历史上经历了持续不断的发展变化过程。

纸张之外,作为重要书画工具的毛笔也在变化。著名书画鉴定家张珩先生曾经提及:"了解书法是怎么写的,用什么工具在什么条件下写的,就能够看出时代的区别。比如唐朝和宋朝就不一样,唐朝人用的笔毛都比较硬,那时的桌子也矮,高度相当于现在的茶几,要悬着胳膊肘才能写;宋代有高的桌子了,可以把胳膊肘枕在桌子上写了,所以毛笔也有变化了,书写姿势、工具材料直接影响书写效果。"[3]相传唐代以前的毛笔是"有心笔"。史传王羲之《笔经》有记述其制作细节:"采毫竟以纸裹石灰汁,微火上煮令薄沸,

---

① 参见锺实《谈谈古宣纸与今宣纸》,《中国造纸》1995年第6期,第67页。
② 参见刘仁庆《关于宣纸发展史中的一个重要问题》,《纸和造纸》2008年第1期,第68页。
③ 薛永年:《艺术史研究不应忽视艺术本身》,《美术报》2017年8月19日第12版。

所以去其腻也。先用人发杪数十茎，杂青羊毛并兔毫，裁令齐平以麻纸裹柱根令治。次取上毫薄布柱上，令柱不见，然后安之。"① 如今这种传说中的"有心笔"在日本正仓院的收藏中还可以找到实物证据。波士顿美术馆收藏的北宋杨子华《北齐校书图》中描绘的毛笔笔杆较现代毛笔粗壮，与正仓院缠纸笔造型颇为相似。（图 1.6）从结构上分析，宋代以前的这种"有心笔"应该只适合中锋运笔，而这种毛笔在宋代以后山水画重要的表现方法——皴法中应该是无法运用的，这可能是造成早期山水画"空勾无皴"面貌的原因之一。

图 1.7 （清）朱耷《山水花卉册》，故宫博物院藏

---

① 参见苏易简《文房四谱》卷一，清乾隆文渊阁四库全书钞浙江吴玉墀家藏本，第 12 页。

随着以纸张、毛笔为代表的书画工具的不断发展，写意绘画也逐渐丰富，追求笔墨意趣的艺术观念也随之成长。比如明代的董其昌，他以书法的笔墨修养，融入于绘画的皴、擦、点、划之中，不看重"写真"与"形似"，转而追求"生""拙""真""淡"的趣味。他还提出绘画的"南北宗"之说，将文人画归于"画家正统"。这种观念影响深远，以至清代"四王""四僧"均或多或少受到过这种观念的影响。从此以后，"写意"绘画逐步代替"工笔"成为中国画的主要面貌。除董氏外，徐渭也在"写意"画发展史上占有举足轻重的地位，他的作品用笔狂纵，笔简意浓，形象生动，影响深远，开启了明清以来水墨写意法的新途径。清代朱耷、石涛、扬州八怪均受其影响[1]，中国的写意绘画最终发展成现代人熟悉的面貌。（图1.7）

之所以要尽可能厘清工笔与写意的区别，是因为对于书画复制来说，工笔与写意的复制方法完全不同。针对不同类型的中国画需要选择相应的方法进行复制，对于一些特殊情况，可能还需要将不同的复制方法进行有机的结合。

四、设色与水墨

从表达方式上看，中国绘画被分为工笔与写意。除此之外，从绘画材料的角度，又可将中国传统绘画分为设色与水墨两类。这种分类方式并不十分严谨，因为无论是工笔还是写意绘画均有赋彩与单纯用墨绘制的例子，但设色与水墨确实可以分别代表工笔与写意绘画的主体面貌，甚至成为工笔与写意绘画的一种代称，尽管这种划分存在着含混不清的部分，但这种并置却被人们广泛接受。

严格来说，设色绘画确实包含了工笔绘画与设色写意绘画，但实际上这里讲的设色主要指"重彩设色"，即主要使用矿物颜料的设色。而设色写意绘画一方面仍然以水墨的使用为主，设色部分也多使用"水色"。从现今日常的表达语境中来看，水墨绘画似乎更倾向于被定义为元代以后出现的，更

---

[1] 参见杨仁恺《中国书画》，上海古籍出版社2001年版，第448页。

具文人画特点的，以水墨、水彩交融为主要表达手段的一类绘画。这类绘画多为纸本绘画，毛笔在纸张上进行皴擦可以产生比绢更丰富的绘画效果，随着造纸技术的发展，画家开始使用未经加工的"生纸"进行创作。"生纸"可以展现出水墨晕散的艺术效果，这种效果甚至造成了普罗大众对中国画固定、刻板的印象。

中国画使用的颜色大致可分为三大类：矿物类颜色、植物类颜色、金属类颜色。其中矿物类颜色又被称为"石色"，通常是将彩色矿物研磨成粉用于绘画的颜料。常见的石色有朱砂、石青、石绿等。朱砂呈大红色，又叫辰砂，主要成分是硫化汞，是硫化汞的天然矿石，多产于我国湖南、贵州一带，是传统绘画中主要的红色颜料。石青实际上是蓝铜矿，产于赤铜矿的氧化带中，常与孔雀石共生或伴生，矿石经过粉碎研磨后可获得蓝色的石青颜料。经过水漂后可进一步获得由深至浅的四种颜色，即头青、二青、三青、四青。石绿又被称作"孔雀石"，产于铜矿的附属矿中；与石青类似，粉碎研磨水漂后可获得头绿、二绿、三绿、四绿不同深浅程度的颜料。[1] 石青石绿由于经常共用，所以往往"青绿"并称，并专门指代使用以石青、石绿为主的矿物颜色绘制的山水画类型，即所谓的"青绿山水"。植物类颜色多从植物中提炼而得。这类颜色透明度高，覆盖能力较弱，颜色加水后能与墨调和，又被称为"水色"，如花青、藤黄、胭脂等。金属颜料最主要指的是金、银。将金银研磨后加胶制成"泥金""泥银"颜料进行绘画。矿物、金属颜料与植物类颜料相比具有色彩鲜艳、不透明、具有较强遮盖力的特点。

墨是中国画最重要的颜料（没有"之一"）。墨大体可分为松烟与油烟两类。松烟墨出现较早，是以松树烧取的烟灰制成，色乌略偏黄。油烟墨多以动物油或植物油取烟制成，色泽黑亮。中国绘画以其独特的用线造型方式，几乎完全依赖用墨，墨线是一幅画的"骨骼"（"没骨"绘画除外）。进入元代后，只使用水与墨作为表现手法的绘画逐渐增多，最终形成了"水墨画"这一重要绘画概念。

这里之所以要讨论"设色"与"水墨"，这种对中国画划分并不严谨的

---

① 参见郭文林《书画临摹基础技法》，北京燕山出版社 2010 年版，第 42 页。

类型划分方式，是因为这种分类的主要依据是绘画材料，而绘画材料的不同则意味着绘制工艺的区别。这二者可以作为复制书画时选择不同复制技术的主要判断依据。只有准确分辨绘画的类型，才能选择适合的复制技术，进而获得良好的复制效果。那么在中国绘画史中"设色"与"水墨"绘画典型的形象是什么呢？中国绘画史太过漫长而内容丰富，想凭本书完整展现"设色"与"水墨"绘画的全貌是不可能的。这里只能节取其中一些重要片段，讨论这两类绘画的典型样式，使读者对其有所了解，难免挂一漏万，主要目的还是为后续章节讨论各类书画复制技术做个铺垫。

（一）设色绘画

在中国绘画发展的早期，大多绘画作品都是设色的，而设色使用的颜色以矿物类颜色为主。魏晋以前的绘画鲜有存世，但如今依然可以从同时期的敦煌壁画或其他墓葬壁画中见到早期设色绘画的面貌。设色绘画早于水墨画

图 1.8　（唐）梁令瓒《五星二十八宿真形图》，日本大阪市立美术馆藏

图 1.9　（隋）展子虔《游春图》，故宫博物院藏

出现，在中国绘画的发展史上取得了极高的成就，但在元代以后，因多与工匠和宫廷画师相联系，有违逐渐形成的"文人趣味"而被贬抑忽视。这种影响十分深远，以至于当代很多人头脑中对中国画的固有印象都是"水墨"样式的。通过现在存世的早期设色绘画，如马王堆T形帛画、顾恺之《女史箴图》、梁令瓒《五星二十八宿真形图》（图1.8）、萧绎《职贡图》等作品，可以发现矿物颜料的广泛应用，绘画的面貌也并非"水墨"样式的。随着中国山水画的逐渐成熟，石青、石绿被广泛应用到设色山水的绘画实践中。典型的设色作品当属隋代展子虔《游春图》（图1.9）。该图山石空勾无皴，用石青、石绿颜色依墨线分染出山石的形状，将石青、石绿交替使用塑造出画面近、中、远景的不同层次。作为仅存的早期卷轴山水画，《游春图》显示出后世对"青绿"色彩最典型的使用方式，以至于后世提及"青绿"即往往是在指"青绿山水"这一具体的绘画类型。进入宋代以后，山水画的发展更加成熟，王希孟的《千里江山图》和传为赵伯驹的《江山秋色图》是这个时期设色山水绘画的典型代表。《千里江山图》中的山峰均以纯度极高的石青、石绿层层渲染而成，山脚则以赭石渲染，画中的墨线被掩盖于重彩之下，整幅画面色彩对比强烈。从画面中颜色脱落的部分可以看出石青、石绿等重彩颜色是层层敷染上去的，不同颜色间过渡细腻自然，展现出极高的绘画水平。（图1.10）《江山秋色图》以石绿、赭石为主要的绘画色彩，相较于《千里江山图》，此件作品山石的墨线勾勒更加明显，色墨并重，展现出一种深秋的肃杀之气。（图1.11）山水画之外，设色人物绘画也取得了极高成就。现今可以看到的唐张萱《虢国

图1.10　（宋）王希孟《千里江山图》（局部），故宫博物院藏

图1.11 （宋）赵伯驹《江山秋色图》（局部），故宫博物院藏

夫人游春图》《捣练图》均为宋代摹本，前者描绘杨贵妃之姊乘马出游的情景。整幅画面构图疏密有致，错落自然。人物和马匹造型严谨准确、线条细劲，设色浓丽而不失雅致，是一件不可多得的人物画杰作。《捣练图》描绘了宫中妇女加工白练的场景，该作品线条秀劲，设色鲜明华丽，从人物衣着纹饰到器物细节无不刻画精微。存世的《捣练图》是宋人摹唐人作品，展现出了较多的宋人面貌，以及这个时期宋人高超的设色人物绘画水平。有种误解认为中国画无法描绘具体复杂的写实场景，五代顾闳中的《韩熙载夜宴图》是对这种误解最有力的驳斥。这件作品通过极为写实的手法描绘了韩熙载家宴的整个过程，整幅作品绘制了琵琶演奏、观舞、宴间休息、清吹、欢送宾客五段场景。画面中人物神态微妙自然，用笔柔劲，设色丰富，技巧高超。借助这幅作品，我们可以发现中国传统的设色绘画具有极强的写实叙事能力。（图1.12）

图 1.12 （五代）顾闳中《韩熙载夜宴图》（局部），故宫博物院藏

元代以后，"文人画"逐渐占据绘画主流，元代
画家针对"用笔纤细，敷色浓艳"的南宋画风进行了
批判。赵孟頫提出"作画贵有古意"。在这种"师古"
的文人画理论影响下，这个时期的设色绘画也展现出
新的风貌。赵孟頫的《鹊华秋色图》描绘了济南郊区
鹊山、华不注山周围的自然景观。草木树石多用墨绘
制，坡岸大量使用披麻皴表现。两座主山分别使用披
麻皴与荷叶皴皴染而成。值得注意的是，这两处的披
麻皴与荷叶皴是直接使用花青色绘制的，不同于前代
对矿物颜色平涂、分染的使用方式。这时的颜色已经
直接参与到对画面内容的描绘与塑造了，以色代墨的
手法已有所展现。画面中的村舍与坡岸以赭石渲染，
加之山头的花青，整幅画面的主体用色已经与后世的
浅绛山水无异。（图 1.13）与赵孟頫同列"吴兴八俊"
的钱选也有相当数量的纸本设色绘画存世，如《山居
图》。该图以隐居生活为题材，描绘了群山环抱中的
屋舍，以及文士骑驴从桥上经过的情景。图中山石摒
弃了前代重彩山水以石青、石绿分染过渡的华丽表现
手法（如《千里江山图》），转而以淡雅的石青或石

图 1.13 （元）赵孟頫《鹊华秋色图》，"台北故宫博物院"藏

图 1.14 （元）钱选《山居图》，故宫博物院藏

绿一种颜色渲染整个山石，营造出一种质朴淡雅的画面风格。山石上的线皴也相应地使用青绿二色绘制，是这个时代以色代墨的又一实例。（图1.14）元代中后期，黄公望、王蒙、吴镇、倪瓒被后世并称为"元季四大家"。他们的很多作品虽然也多有设色，如黄公望的《天池石壁图》（图1.15）、王蒙的《葛稚川移居图》（图1.16）、倪瓒的《水竹居图》等，但都属于以墨为主、以色为辅的情况。设色绘画的这种新风貌也与纸张的广泛使用有关，元以前的设色绘画多绘制在绢上，画绢比较适合精细的描绘，不适合表现即兴而丰富的笔墨技巧。总体来看，元代的设色绘画正处于与富于文人情趣的水墨绘画相互融合的时期。

图1.15　（元）黄公望《天池石壁图》，故宫博物院藏

明代的宫廷绘画继承了宋代的"院体"风格，造型准确，法度严谨，色彩艳丽。如以工笔重彩见长的边景昭，传世作品《竹鹤图》用笔工整，敷色艳丽，是明代"院体"花鸟画的典型代表。（图1.17）明中期以沈周与文徵明为首的吴门画派兴起，他们的作品在继承元代文人画气息的同时也重新发掘唐宋院体重彩设色画风，并将二者很好地结合起来，近一步发展了元代墨色融合的绘画风格。这一时期

图 1.16 （元）王蒙《葛稚川移居图》，故宫博物院藏

图 1.17 （明）边景昭《竹鹤图》，故宫博物院藏

图 1.18 　（明）文徵明《惠山茶会图》，故宫博物院藏

的典型作品如文徵明的《惠山茶会图》，该图描绘了文徵明与好友游览惠山、饮茶赋诗的场景。画面以墨线勾勒为主，配以少量的皴笔，敷色以三绿、四绿为主，少量淡色石青点缀其间。相较于宋代的重彩设色绘画，该画显得更加清丽淡雅，富于文人情趣，体现出文氏设色水墨并重的艺术追求，也体现出这个时期设色绘画与水墨绘画进一步融合的趋势。（图 1.18）与上述二位同列"明四家"的仇英是职业画家，其作品更多继承了宋代院体的技法与风格。作品多表现为重彩青绿，精工勾勒，但同时仇英也受到当时文人绘画的深刻影响，使作品展现出一种工雅兼备的风格，如《玉洞仙源图》（图 1.19）。明代后期以董其昌为代表的华亭派兴起，董氏提出绘画的"南北宗"之论，将重彩青绿的画法归入北宗，加以贬抑。这种观念影响深远，以至于后世淡青绿设色、浅绛设色的作品大量出现。

清代初期以"四王"（王时敏、王鉴、王翚、王原祁）为代表的正统派继承了明代董其昌的画论思想，将董、巨（董源、巨然）一脉的南宗山水奉为正朔，但这并不意味着他们拒绝设色。相反，他们的绘画实践表明，正统派正在使用文人化的南宗笔墨改造重彩设色的北宗风格。王时敏的《杜甫诗意图册》（图 1.20）、王鉴的《仿古山水图册》、王原祁的《卢鸿草堂十志

图 1.19 （明）仇英《玉洞仙源图》，故宫博物院藏

图册》均是最好的例证。但此时的设色已退居各种丰富笔墨皴法之后，变得相对次要。清代宫廷，特别是在康熙、雍正、乾隆三朝，宫廷绘画得到了极大的发展。宫廷绘画的主要作用是满足宫室的空间装饰，迎合皇家的审美趣味。因而富贵艳丽的设色绘画得到了较大的发展。宫廷画师中很多是"四王"正统派的弟子或再传弟子，因此山水画方面延续了"四王"的风格与样式。但皇帝对宫廷绘画创作往往有具体的创作要求，这使得宫廷绘画在传承"正统派"风格的同时也具有很强的写实性与叙事性，如唐岱《小园闲咏图册》、徐扬的《乾隆南巡图》。为满足这些写实、叙事的需求，宫廷绘画的面貌偏于工细，设色也多用重彩以满足皇家的审美口味。由于西方传教士在清代宫廷画院任职，被称作"线画法"的立体透视和光影概念也深刻地影响到此时的设色绘画。诸如郎世宁、艾启蒙等西方画师使用中国传统颜料创作出一系列富于西方风格的宫廷绘画，如郎世宁的《乾隆皇帝大阅图轴》《午

图1.20 （清）王时敏《杜甫诗意图册》，故宫博物院藏

图1.21 ［意］郎世宁《午瑞图》，故宫博物院藏

图 1.22　清人画《胤禛十二月景行乐图》，故宫博物院藏

图 1.23　[波西米亚] 艾启蒙《十骏犬图册》，故宫博物院藏

图 1.24　（清）袁江《阿房宫图》，故宫博物院藏

瑞图》（图1.21），《胤禛十二月景行乐图》（图1.22），艾启蒙的《十骏犬图册》（图1.23），等等。这些绘画很多是西方画师与中国画家共同完成的，在这个过程中，东西方绘画风格相互融合，创造出一种独特的宫廷设色绘画风格。在民间同一时期，江南经济繁荣发展，富商大贾喜好用大幅设色绘画装饰厅堂宅邸，进而催生了对设色绘画新的市场需求。以袁江、袁耀为代表的民间画家发展出一种设色艳丽、富丽堂皇的山水楼阁绘画，如袁江的《九成宫图屏》、《阿房宫图》（图1.24），袁耀的《邗江胜览图轴》，等等。清代中晚期，上海作为新的商业中心兴起，海派绘画应运而生。为迎合新兴社会阶层的艺术需求，海派绘画也继承了扬州画派设色鲜艳的特点，如海派绘画的关键人物任熊的《十万图册》（图1.25）。该册页绘制在金笺上，设色艳丽，装饰性很强，展现出设色绘画发展的新面貌。

图 1.25　（清）任熊《十万图册》之《万点青莲》，故宫博物院藏

（二）水墨绘画

　　水墨绘画的典型形象是由宋代山水画开始确立的。其中以屈鼎的《夏山图》（图 1.26）、范宽的《溪山行旅图》（图 1.27）、郭熙的《早春图》（图 1.28）、李唐的《万壑松风图》（图 1.29）为典型代表。这四幅山水画杰作均开始以墨笔皴擦作为主要的表现手法，画面中的楼阁、树木虽有设色，但已经次要到极易被观者忽视的程度了。到了米芾、米友仁父子的米家云山，已开始单

纯地使用墨色进行绘画，并采用含水量极大的用笔方式，描绘出一派迷雾重重的山水云气之境。虽然米家云山仍是绘制在加工后的熟纸上，并未形成太多的水墨晕散效果，但已经预示了后世水墨绘画的面貌。（图1.30）

图1.26 （宋）屈鼎《夏山图》，美国纽约大都会艺术博物馆藏

图1.27 （宋）范宽《溪山行旅图》，"台北故宫博物院"藏

图1.28 （宋）郭熙《早春图》，"台北故宫博物院"藏

图 1.29　（宋）李唐《万壑松风图》，"台北故宫博物院"藏

图 1.30　（宋）米友仁《潇湘奇观图》（局部），故宫博物院藏

　　入元以后，在赵孟頫的影响下，书法性用笔在绘画中大行其道，再加上纸张作为绘画材料被更加广泛地使用，这些因素都使更多地使用墨色进行绘画变得顺理成章。赵氏具有宣言性质的《秀石疏林图》就是完全使月墨色绘制的。（图1.31）之后被称为"元四家"的黄公望、吴镇、倪瓒、王蒙的代表作，无一不在丰富水墨绘画面貌的历程中举足轻重。

　　明代董其昌提出了绘画"南北宗"之论，提倡绘画中的"士气"。所谓"士人作画，当以草隶奇字之法为之，树如屈铁，山似画沙，绝去甜俗蹊径，乃为士气。不尔，纵俨然及格，已落画师魔界，不复可救药矣"。[①] 在其影响下，水墨绘画大行其道，俨然一派碾压设色绘画之势。明代的徐渭作品纵横奔放不拘绳墨，开创出延续到近现代的水墨写意新面貌。这种面貌经"四僧"、郑燮、赵之谦、任伯年、吴昌硕、齐白石等为代表的艺术家一直发展到现代。

　　以上简要梳理了中国"设色"与"水墨"绘画的发展过程，列举了一些重要画家及其典型作品。结合前文关于"工笔"的论述可以发现，从晋唐至明清，设色绘画虽然风格有所变化，但主体面貌仍偏重于细致描绘，而即兴成分较少。设色绘画所使用的基本绘画材料仍以丝绢、"熟纸"、矿物颜料

---

① 董其昌：《画禅室随笔》卷二，清乾隆文渊阁四库全书钞内府藏本，第1页。

图 1.31 （元）赵孟頫《秀石疏林图》，故宫博物院藏

为主，相应的绘画工艺也比较稳定。而"水墨"绘画需要与"写意"理念相适应，表现为皴法的日益复杂，用水用墨的方式更加灵活，绘画材料从"熟纸"转变为不经矾制的"生纸"。这一切使"水墨"绘画的"不可重复"用笔逐渐增多，由此造成"水墨"绘画具有相当的"偶然性"与"不可重复性"。书法作品的材料工艺与"水墨"绘画多有相似，在此不作单独讨论。

根据"设色"与"水墨"绘画的不同特点，人们发展出多种书画复制技术。其中人工临摹复制技术适合复制工笔设色绘画，而木版水印复制技术、珂罗版复制技术、照相复制技术则是专为复制水墨写意绘画与书法而产生的。出现最晚的印刷复制技术与数字喷绘复制技术则对两种类型的绘画与书法复制都适用。关于这些不同复制技术的原理与技术细节将在下一章中进行讨论。

第二章

书画复制技术

针对中国绘画、书法的复制技术可分为六种，按照产生的时间排序，这些技术分别为：人工临摹复制技术、珂罗版复制技术、木版水印复制技术、照相复制技术、工业印刷复制技术、数字喷绘复制技术。其中，人工临摹复制技术是古已有之的书画复制技术，其余技术则是随着近现代科学技术的发展，在近一百年的时间里相继产生的。随着相关技术的进一步发展，近些年也出现了将上述单项复制技术综合运用的新方法，以及对传统人工临摹技术的优化与改良。以上内容都将在本章中进行讨论。

一、人工临摹复制技术

人工临摹复制技术出现的时间没有明确的历史记载，而根据唐张彦远《书法要录》记载，南齐王僧虔提及："王右军自书表，晋穆帝令翼写，题后答右军。当时不别，久后方悟。云：'小人几欲乱真。'"梁虞合《论书表》记载："……新渝惠侯，雅所爱重，悬金抬买，不计忠贱。而轻薄之徒，锐意摹写，以茅屋漏汁，染变纸色，加以劳辱，使类久书，真伪相糅，莫之能别。"可见对于书画的人工临摹至少在晋代就已经出现了。而这种临摹技术也正是古代进行书画复制最主要的手段。需要指出的是，所谓人工临摹主要侧重于摹，临则作为复制的辅助手段。关于"临"与"摹"的区别，在上文中已有详细论述，这里不再赘述。

（一）人工临摹的工具

关于人工临摹的工具，可以分为两方面进行论述。其一，人工临摹使用的毛笔、颜料、纸张、丝绢与传统的中国书画创作材料并无区别，可称之为"通用工具"，也正因如此，才能实现复制品与原件的"同工同料"。其二，是临摹复制时用到的一些特殊工具，包括聚酯薄膜（透明胶版）、硫酸拷贝纸、拷贝台、立摹画盒、平摹台以及实现临摹环境控制的一些设备。这些工具是人工临摹复制的专用工具。

通用工具中笔、墨、纸、砚种类繁多，使用者的个体偏好也多有不同，但总体上还是要满足不同临摹工序的要求。如狼毫毛笔一般用于勾线，相对柔软的羊毫笔因吸水性强而适合用于染色。毛笔的不同尺寸也要根据复制画面的大小进行相应的选择，并没有严格的使用规定。墨大体可分为松烟、油烟两类，绘制在画面上油烟墨比松烟墨更有光泽，根据复制对象不同选用适合的即可。通常情况下，使用墨块进行研制的墨汁墨色更加自然，而现成的墨汁则比较生硬，另外墨汁胶性较大比较伤笔。但这也不是绝对的，不同品牌的墨汁也有很大差别，用墨量很大时也可辨别采用。砚台并无特别讲究，通常选择材质较硬适合发墨的为宜，使用带盖的砚台可以避免研出的墨过快干涸。

人工临摹使用的颜料也与传统中国绘画一致，大体可分为石色、水色、金属色等几大类，前文中已有讨论，这里不再赘述。

纸张与丝绢在人工临摹复制书画时均有使用。通常情况下，复制书法作品时使用纸张的情况较多，所用纸张有各类宣纸、皮纸以及粉笺、蜡笺等加工纸。复制绘画作品则更多用到丝绢，这是因为人工临摹比较适合复制工笔类的绘画。历史上，宋代以前这类绘画绢本占大多数。人工临摹虽然可以复制工笔纸本绘画，但元代以后纸本写意绘画逐渐增多，写意绘画的复制并非人工临摹所长，故使用纸张复制绘画的情况相对绢本较少。人工临摹使用的丝绢是未经煮炼的生丝绢，织造的密度多有不同，可选择与拟复制书画类质地近似的丝绢进行使用。使用前，生丝绢需根据复制需求进行染色与矾制，即使用颜料染色，以及使用胶矾水涂刷以便作画。

书画复制的专用工具中，聚酯薄膜是一种透明胶片也被称作"胶版"，作用如同大众熟悉的硫酸拷贝纸，用于摹拓书画原件的画面细节。（图 2.1）这种材料是现当代材料，历史上一般是将较薄的纸涂熨黄蜡使之变得透明，用于勾摹原件的轮廓，称为"硬黄"。拷贝台是内置光源的平台，透过光线使摹拓的对象更加清晰。如今的拷贝台大多使用 LED 光源，颇为轻便，而在历史上只能将画面蒙在户牖上方能达到类似的效果。（图 2.2）由于临摹时需要不断比照书画原件，因此要用到画盒，画盒是一种特制的木质盒子，两端各有一个木制舱室可以收纳中国卷轴画的天杆、地杆，中段为透明玻璃，可以展现画面内容。（图2.3）画盒可以立于三角支架上，在保护珍贵书画的同时方便临摹者细致观察。使用这种方式就是所谓的"立摹法"，相对而言使用平摹台进行临摹就是"平摹法"，平摹工作台本质上也是一种画盒，只不过平摹工作台有一个平整的工作台面，就像一个中空的画桌。平摹可以进一步缩短摹本和原作的距离，更加便于临摹者观看。（图2.4）

图2.1　用于勾稿的聚酯薄膜（胶版）

图2.2　LED拷贝台

图2.4　平摹台（照片由郭文林提供）

图2.3　立摹画盒

　　由于人工临摹所需时间较长，书画原件需长时间置于临摹的工作环境中，因此需使用恒温恒湿设备，使工作环境保持在湿度40%—60%、温度24℃—26℃的理想状态下。临摹时使用不直射的天光照明最为理想，辅助光源可采用专业的标准化光源进行辅助照明，以确保原件与复制品画面色彩的准确还原。

（二）人工临摹的工作流程

人工临摹可分为：读画、矾绢（或矾纸）、勾稿、过稿、着色、做旧、摹款、钤印八个主要工序。读画是开展临摹复制前的重要准备工作。针对不同时代、不同风格的临摹对象，动笔之前需要尽可能熟悉作品的表现技法、时代风格、材料使用等方面的细节信息。正因如此，读画工序中对书画原件的直接观摩至关重要，需做到胸有成竹才开始动笔。现成的生丝绢与纸张往往无法直接使用，需要根据书画原件的底色进行染色。一般来说，所染颜色可比原件稍淡，以便后续调整，但也有一些特殊情况需要将底色一次性染制准确，这种特殊情况将在本书最后一章结合复制案例进行讨论。染色后的纸、绢需胶矾水涂刷表面。骨胶水以 3%—4% 的浓度配置，并以 7∶3 或 8∶2 的比例与明矾饱和溶液混合制作成胶矾水。继而将胶矾水均匀涂刷到纸、绢表面，丝绢正面需涂刷两遍，背面涂刷一遍，以便在背面托色。（图 2.5）

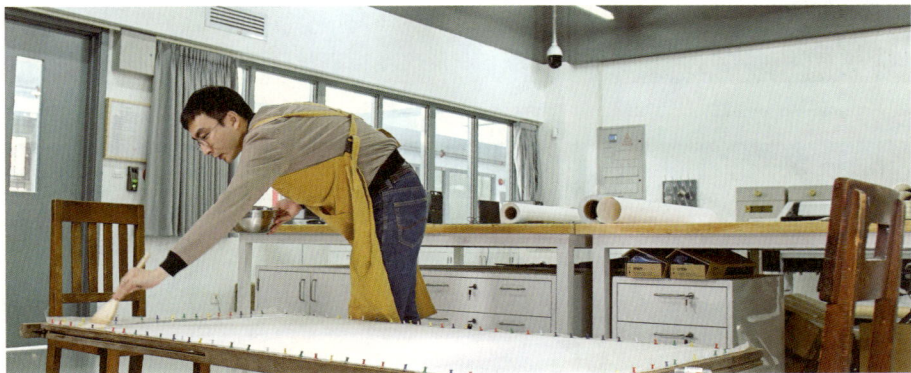

图 2.5 染绢、矾绢

出于对书画原件保护的目的，勾稿早已摒弃直接使用书画原件的方式，而是采用将胶版蒙在书画原件等大照片或高清印制件上进行勾稿的方法。勾稿时需要将书画原件的所有细节如实地勾摹到胶版上，包括线条的起收笔、线条运笔间的顿挫、色彩的轮廓、水渍及破损部分的形状等。勾稿的质量直接影响到复制品最终的准确程度，是临摹得以顺利进行的重要基础。（图 2.6）过稿时，首先将白纸衬在胶版背面，目的是让勾出的墨线更加清晰。接下来将加工好的绢或纸用镇尺压在胶版上，勾稿时除了注意线条位置的准确之外，还需对照原件表现出线条用墨的浓淡变化，以及渴笔飞白等细节信息（图2.7）。

图2.6　使用透明胶版进行勾稿

图2.7　将线条过稿到画绢上

复制品的着色与绘画创作的技法没有本质区别，无非分染、罩染。与绘制新作品不同的是，复制年代较为久远的画作时，需将原作的古旧之色表现出来。（图 2.8）因此着色与做旧两个步骤是杂糅在一起进行的。比如新绘制的墨色会有光泽，为去除这种光泽，可以在墨色中掺入少量藤黄、青黛使墨色显得更为古旧。对于画面中明度较高的部分，如白色也可掺入藤黄、赭石、淡墨以降

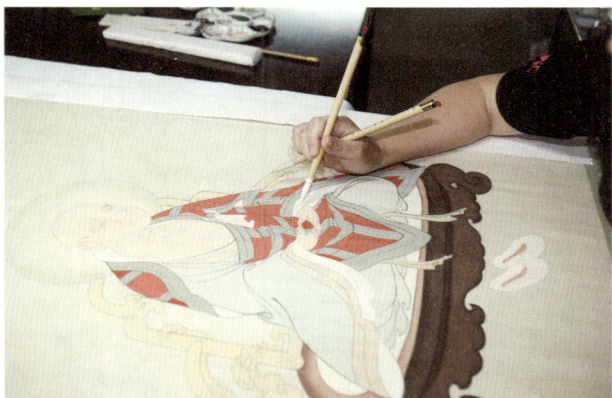

图 2.8　按照原件进行着色渲染着色

图 2.9　做旧（照片由亢大妹提供）

低色彩明度，使之显得更加自然。着色时要使用较淡的颜色多次渲染，这样颜色会均匀浑厚，切不可以用浓稠的颜色一次染够。通常来说，新染出的颜色会显得比历经岁月的颜色更加鲜亮，就是所谓的"火气"。想要去除这种"火气"，有多种方法，如水洗、摩擦、纸吸等，这些方法可以造成颜料层变薄脱落，用以模拟出书画原件由于历经岁月变迁所造成的颜料自然磨损、脱落的效果。还可以与装裱师进行配合，对命纸进行反复揭托，也会达到相应的做旧效果。需要注意的是，着色和做旧需把握整体推进的原则，不可孤立地将某个局部完全染够，而应将每个局部都染到七八成再统一调整画面色彩最终完成复制品着色。（图 2.9）

绘画中的摹款与摹制书法作品的方法是一样的，只不过绘画中的题款通常属于次要部分，文字也相对较小。书法作品文字是主体，不同作品尺寸大小不一。对文字的临摹通常使用双勾填墨的方法，过程中要注意文字的起、行、收笔等变化，还需表现出文字书写造成的渴笔飞白等细节。对于一些尺寸较大的文字或书写在蜡笺纸这类加工纸上的书法，通常会出现明显的墨色的变化。有些墨色变化是书者在写大字时以某种节奏蘸墨造成的，有些是加工纸的材质特点造成的，这种变化在摹字时需要辨别并表现出来。（图2.10）实现方法是可以准备不同浓度的墨，根据原作墨色的浓淡变化适时斟酌使用。传统的人工临摹复制技术中最后一步是钤盖印章。这些印章最初是采用摹刻的方式进行复制，后来出现使用铜板腐蚀复制的印章。（图2.11）得益于数字三维打印技术的发展，目前已经可以使用三维打印技术复制印章，具体复制方法将在"书画综合复制技术"一节中进行论述。

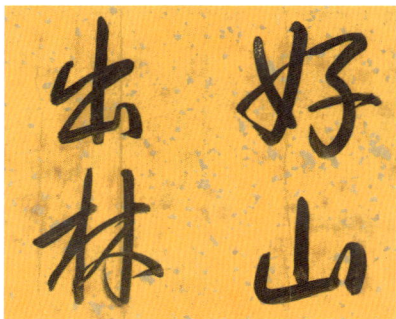

图2.10　文字的墨色变化（乾隆御笔贴落）　图2.11　为复制品钤盖印章

人工临摹作为最传统的书画复制方法有着其他复制方法难以替代的优势。比如可以在和原件同样的纸张、丝绢上面，使用传统的书画颜料进行复制。如果复制品出自功力深厚的摹画师，那它本身就是一件不折不扣的艺术品。但是，人工临摹也有着明显的局限性。首先，如上文中所提到的，人工临摹一般通过勾摹原件的方法进行复制。这种方法在复制工笔重彩画时游刃有余，但对于以水墨晕散为艺术特点的水墨写意绘画就显得力有未逮了。其次，人工临摹的速度比较慢，根据所摹原件的复杂程度，复制一张作品少则几个月，多则几年，故宫博物院冯忠莲先生摹制《清明上河图》就历时 4—5 年之久（不包括中途中断的时间）。摹制之精令人叹为观止，但这种效率是无法满足对卷帙浩繁的存世书画进行复制保护的需求的。

二、珂罗版复制技术

珂罗版复制即珂罗版印刷，又被称为"玻璃版印刷"，是利用经过重铬酸盐处理后具有感光性能的玻璃板进行印刷的技术。该技术 19 世纪诞生于德国，后传入中国被广泛应用到书画印刷复制领域。

珂罗版的完整工艺流程大致可分为照相、修版、制版、印刷几个步骤。根据拍摄对象不同，拍照时可采用 PA、PB、PC、YZ-600II 拷贝片等多种底片在大幅面相机上进行拍摄。不同底片感光性能不同，拍摄时可以采用不同底片拍摄同一对象，然后使用两张底片分别制版；印刷时套印在一起，可以达到增加复制品层次的目的。珂罗版印刷属于专色印刷，这就意味着，最终用于印刷的玻璃版每一版只能印刷一种颜色。如果印刷彩色的图像，在照相过程中要尽可能遵循一种颜色拍摄一张底片的原则。不过这一原则只是理论层面的，在实际拍摄中对于一些色彩复杂的拍摄对象，是很难做到一色一片的，而是多色一片。多余的颜色只能在修版步骤中进行调整。

在使用珂罗版复制技术时，去除拍摄过程中底片上无法避开的多余颜色是修版的目的之一。具体的操作手法是使用调配出的深浅不同的红药水对底片上的图像进行遮盖，遮盖后的图像在制版时便会被去除。之所以使用深浅不同的红药水进行遮盖，是因为图像往往深浅有别，需要据此采用深浅不同的遮盖方式。这个过程极度依赖修版师对书画的理解与熟练的遮盖手法。除了遮盖多余色彩，修版工序还需要处理掉底片上产生的砂眼。处理砂眼一般使用墨汁均匀地涂在底片没有药膜的一面，涂得过厚，则墨汁干后易起皮，也就是涂墨汁的地方结成墨皮，受热后易爆裂，俗称"起皮"。[①] 对于一些底

---

① 参见吴学英《珂罗版复制技术（二）》，《丝网印刷》2004 年第 8 期，第 40—41 页。

片上表现不出的微妙细节，比如一些干笔飞白，需要使用修版刀在底片的药膜面进行刮擦去除多余的药膜，以便在制版时使这些细节得以显现。与涂抹红药水一样去除药膜也需要依靠修版师的经验和手法。这些依靠纯人工的修版操作恰恰可以为最终的复制品鉴别提供必要的线索。

珂罗版之所以也被称为"玻璃版"，是因为其使用磨砂玻璃作为版基制作可感光的印版。制版时首先使用水玻璃（硅酸钠水溶液）和啤酒制成的结合液均匀涂布在磨砂玻璃板表面，待结合液干燥后再将感光药膜均匀地涂布在结合液表面，制成感光玻璃。然后将感光玻璃放在晒版机的平台上，感光胶面朝上，再放上修好的底版，使图文部分露出来，把四周用黑纸盖好，防止版面非图文部分曝光。① 经过一段时间的感光，玻璃版表面曝光的部分硬化形成图文，未曝光的部分则被冲洗去除。印刷时硬化的图文部分着墨，未硬化部分不着墨。（图 2.12）

图 2.12 珂罗版印刷上墨过程

珂罗版的印刷机类似于石印机，印版上墨后将承印物覆盖其上通过施加压力使印版上的墨迹转印到承印物上。印刷使用的油墨需加入猪油调配到适当的浓度，油墨的颜色与书画使用的矿物、植物颜色质感与色相均有差别。

---

① 参见吴学英《珂罗版复制技术（三）》，《丝网印刷》2004 年第 9 期，第 44—45 页。

为了再现书画作品的色彩，印制时需混合不同颜色的油墨模拟书画原件原有的色彩，必要时还需要重复多次印制。进行彩色多次套印时，每一色板需印制十字线并打孔以确保套印的准确性。（图2.13）为保证印刷质量，通常会对印刷的宣纸、丝绢等承印物进行挤压处理，以便

图2.13 珂罗版套印十字线

使承印物纤维紧密地黏结在一起，当油墨印上去之后，油墨全部浮在纸张表面，往纤维里渗透的极少，这时给人的视觉感受就是油墨显得光亮而有厚度。[1]

由于珂罗版印刷不受承印物的限制，可以在同原作一样的宣纸、丝绢上进行印制，另外珂罗版使用的是一种质地较硬的凝固状的油墨，这种油墨印在承印物上会有一定的厚度，从而使画面更具层次感和冲击力，这个特点对于书法作品的复制极具优势。但是珂罗版印刷对于复制色彩复杂的书画作品还是显得力有不逮，加上整个操作过程还属于纯手工操作，对高水平技师的依赖程度很高，难以适应大量复制的需求，这都成为制约珂罗版发展的瓶颈。

三、木版水印复制技术

木版水印复制技术是在传统的饾版印刷术的基础上发展而来的。所谓饾版是指用于套印、叠印并可组成完整画面的若干块印版。因这种印制方式有如饾饤，故称为"饾版"。民国期间使用这种印刷工艺印制过著名的《北平笺谱》和《十竹斋笺谱》。中华人民共和国成立后，饾版印刷工艺发展为一种更加复杂，可以根据画稿笔迹的粗细曲直、圆润刚柔，设色深浅浓淡、向背阴阳进行分

---

[1] 参见吴学英《珂罗版复制技术（四）》，《丝网印刷》2004年第10期，第42—43页。

版勾摹，分别刻成若干块木版，然后对照原作，由浅入深逐笔、逐色地依次叠印①的复杂印制技艺，即木版水印复制技术。这种技术可以逼真地复制出不同类型的中国书画作品，复制纸本写意类绘画尤为逼真。

木版水印复制技艺包括分版勾描、雕刻版面、水印印制三大主要工序。分版勾描是木版水印的第一道工序，目的在于将复杂的画面分解开，根据画面的线条、色彩的具体情况分解成若干套版样。具体的做法是先使用胶版覆盖在画面上，继而将画面细节轮廓勾稿到胶版上，再将胶版上的稿子过稿到做版样的雁皮纸上。画面中同一种颜色分归于一套版内，画面有几种色调，便分成几套版。虽然木版水印可以通过印制时的一些施色技巧达到某些印版的一版多色的效果，但其本质仍属于一种专色印刷，即每块印版只印制一种颜色。勾描分版的重要原则是以尽可能少的分版再现拟复制作品的原貌。过多的分版会使印制出的复制品显得生涩干枯，也更容易出现瑕疵。对于原作中一些渴笔、飞白可以采用勾填的方式勾描或半摹半临的方式复制；前者更加准确但容易显得死板，后者更加自然但无法与原件达到完全一致。使用何种方式需根据画面灵活选择运用。

雕刻版面是将勾描出的稿样粘在梨木板上进行雕刻。梨木吸水性适中，纤维细密，软硬均匀，最适合作为雕刻板材。此外根据需要还可以选择杜木、枣木、黄杨木、白果木、山茶木等作为雕版材料，使用前所有木材都需要进行自然风干以确保雕刻后不会变形。镌刻版面时根据表现的墨迹形态，需采用不同的刻刀与不同的刀法。在雕刻皴笔墨迹时，往往是多种刀具兼而并用。（图 2.14）雕刻好的印版需用花青色印在宣纸上进行局部打样，再对照范本检查有无错误。

水印印制是指将制作好的印版着色，并依次印制到印纸或绢上。固定印版使用膏药油作为黏合剂，这种黏合剂遇热黏软便于调整印版位置，冷却变硬使印版不易移位。印制环境需保持一定的湿度，以确保承印物不会胀缩，确保套印准确。平刷、掸活、砑印是印制过程中的三种主要技法。平刷是水印不分浓淡的单色。掸活是在印刷时以画笔蘸取不同深浅和不同色相的颜色掸到印版上，印出的画面会产生深浅和色相的变化。砑印是用耙子将印版上

---

① 参见曲刚、姚凤林《荣宝斋木版水印》，北京美术摄影出版社 2012 年版，第 40 页。

图 2.14　刻版

图 2.15　印制

的颜色砑擦印制到承印物上。（图 2.15）

　　与人工临摹相比，木版水印同样使用传统的绘画材料，可以一定程度上提高书画复制的效率，并且可以印制如齐白石《墨虾图》《喇叭花》一类写意风格的作品。（图 2.16）但是，对于复制画面内容复杂、色彩丰富的作品，木版水印所需的工作量无疑是巨大的，这一点从荣宝斋印制《韩熙载夜宴图》的过程中就可见一斑。荣宝斋的木版水印杰作《韩熙载夜宴图》共分版 1667 块，该作品从 1959 年筹划至 1979 年完成经历了二十年，实际耗时也达八年之久。印制过程要保证每块版的精确度，整幅作品累计印刷次数多达三十余万次。

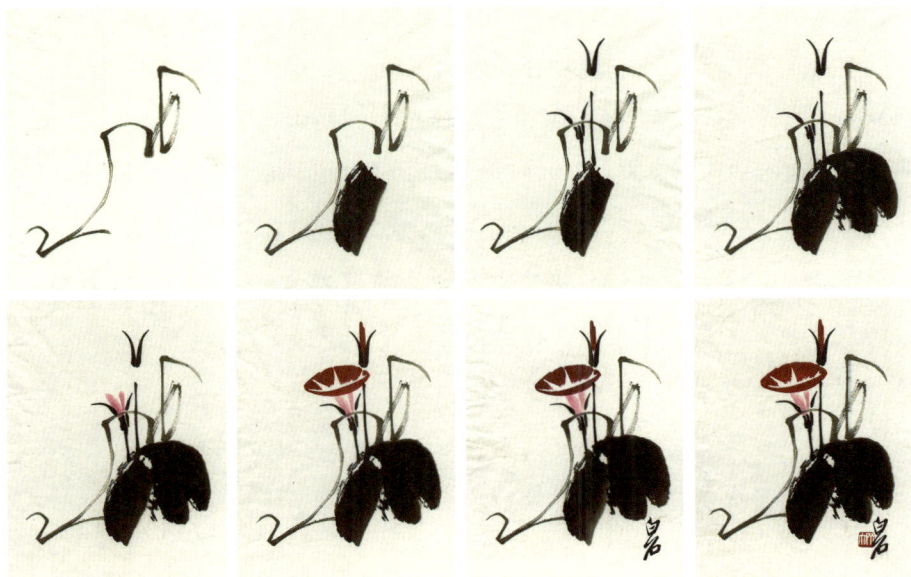

图 2.16　齐白石《喇叭花》印制步骤图

四、照相复制技术

在"人工临摹复制技术"一节中已经论及，人工临摹技术擅长复制工笔绘画，因为工笔绘画的线条与色彩有着明确的固定形状与边缘，便于人工摹制。但对于以水墨晕散为表达手段的水墨写意绘画，墨、色之间没有明确的交接线，颜料会沿着纸张纤维自由扩散，即便是画者本人也不可能重复画出完全一致的画面，如此一来，人工临摹就难以准确地进行复制了。另外，对于书法作品的复制，人工临摹使用的双勾填墨复制方式很容易使书法失去原有的自然流畅，变得呆滞死板，文字中的渴笔、飞白也会有失准确。20世纪60年代，工业印刷精度还不能满足书画复制的需要，为解决书法与写意绘画的复制难题，照相复制技术应运而生。

与珂罗版类似，照相复制技术也是以摄影术为基础的。与日常拍摄照片、冲洗照片的过程有些类似。通过对书画进行拍照，并最终将影像印相到宣纸或丝绢上，完成对书画的复制。

20世纪60年代，故宫博物院开始研究使用照相技术复制古书画，其中不乏国宝级的书画作品，如陆机的《平复帖》、王珣的《伯远帖》、冯承素摹王羲之的《兰亭序》（图2.17）、李唐的《采薇图》、徐渭的《黄甲图》等。

照相复制技术的工艺流程分为照相制版、显影修版、接触印相、人工着色、印章钤盖几个步骤。照相复制使用专用制版镜头，相较普通镜头，制版镜头具有更长的焦距，视角为40—45度，有效孔径较小，适合拍摄平面物。

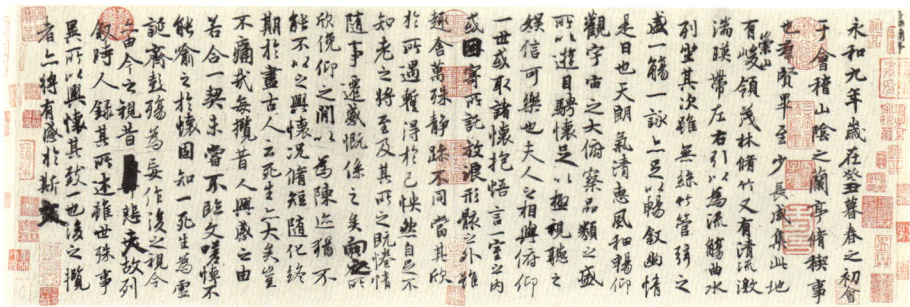

图2.17 《兰亭序》照相复制品

拍摄时采用 24 寸 PA 版全色制版软片，照相复制拍摄的底片与书画原件是 1:1 等大的，一般需要多张底片拼接出完整画面。拍摄时需确保曝光时间一致，以保证每张底片可以获得一致的明暗效果。（图 2.18）接下来，和胶片摄影一样，也要在暗房中对拍摄的胶片进行显影，显影过程要严格控制显影液温度、显影时间、显影液的性能和浓度、显影时底片翻动的情况等诸多因素。为弥补底片的某些不足，还需对胶片进行修版。与珂罗版的修版过程很相似，照相复制也采用红药水修整、赤血盐剪薄、底片药膜刮擦等修版方法，目的都是要让拍摄的画面黑白灰层次更加丰富、鲜明。（图 2.19）需要说明的是，照相复制拍摄出的影像是黑白影像，想再现画面的色彩还需要人工进行着色。

如同日常冲洗照片一样，制作底片是为了通过印相或放大获得照片，即通过已经制得的底片，利用印相机或放大机，让光线透过底片，照射到感光相纸上生成照片。在照相复制过程中，使用涂布有感光乳剂的宣纸、丝绢代替感光相纸，直接将底片上的书画印相到宣纸、画绢上完成对书画作品的复制。印相后的书画是单纯的黑白影像，对于设色绘画需要人工进

图 2.18　照相复制专用相机

图 2.19　经过修版后的（元）倪瓒《古木幽篁图》原大 PA 软片

行染色。（图 2.20）涂布有感光乳剂的宣纸、画绢表面会变得光滑，对颜色的吸收力变弱，毛笔在其表面运行时容易打滑。因此着色时需适当降低毛笔的含水量，并使用较浅的颜色多次渲染，避免色彩不均匀而产生的不自然痕迹。最后使用复制出的印章对画面进行钤印完成复制。

尽管如今看来，照相复制技术流程复杂，复制出的书画复制品存在一些不尽如人意之处，但在那个技术选择有限的时代，这项技术在水墨写意绘画和书法作品的复制领域还是发挥了很大作用的。

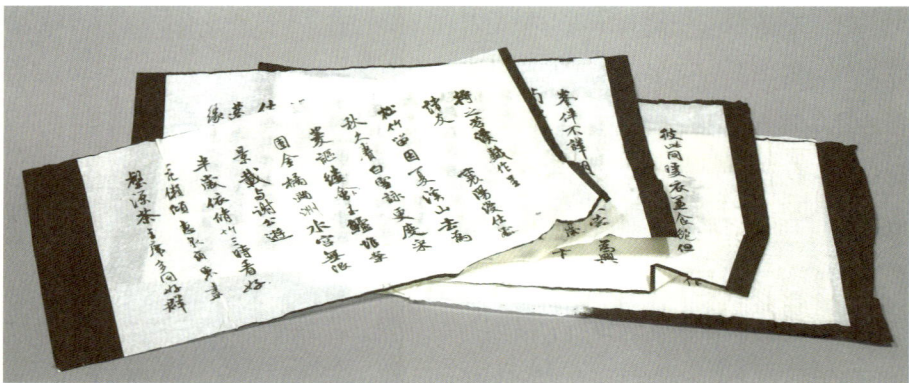

图 2.20　印相后的（宋）米芾《行书苕溪诗卷》

五、工业印刷复制技术

所谓工业印刷复制技术，即使用现有的工业印刷方法进行书画的复制。目前印刷领域最广泛采用的有四大印刷方式，分别是柔性版印刷、胶版印刷、凹版印刷和丝网印刷。

这几种印刷方式各具特色，其中凹版印刷有着印制品墨层厚实、颜色鲜艳、饱和度高、印版耐印率高、印品质量稳定、印刷速度快等优点，但其印前制版技术复杂、周期长，因而制版成本较高。胶版印刷由于印刷速度快、印刷质量相对稳定、印刷周期短等多种优点在我国是占据绝对统治地位的印刷方式。柔性版印刷是在聚酯材料上制作出凸出的图像镜像的印版并通过其进行印刷的方法。印刷时，油墨转到印版上的用量通过网纹辊进行控制。印刷表面在旋转过程中与印刷材料接触，从而转印上图文。柔性版印刷起源于 20 世纪 20 年代初期的美国，最初的柔性版印刷质量是非常低劣的。随着技术的发展，印版材料和印版制版方式得到大幅度改进，目前在美国所见到的大部分商品包装几乎都是柔性版印刷产品。丝网印刷属于孔版印刷，印刷时通过施加一定的压力使油墨通过孔版的孔眼转移到承印物上，形成图像或文字。

　　根据对复制品的质量、成本的不同要求，上述的印刷方式都可以应用到书画复制领域当中。使用印刷进行书画的复制，最广为人知的是日本的二玄社。从 1979 年开始，二玄社得到"台北故宫博物院"授权，开始复制"台北故宫博物院"的历代书画精品，其中包括范宽的《溪山行旅图》、颜真卿的《祭侄稿》、王羲之的《快雪时晴帖》等书画名迹。这些复制品均是以特制相机拍摄（图 2.21），并以彩色印刷结合彩色套印完成的，复制效果得到了广泛的认可。

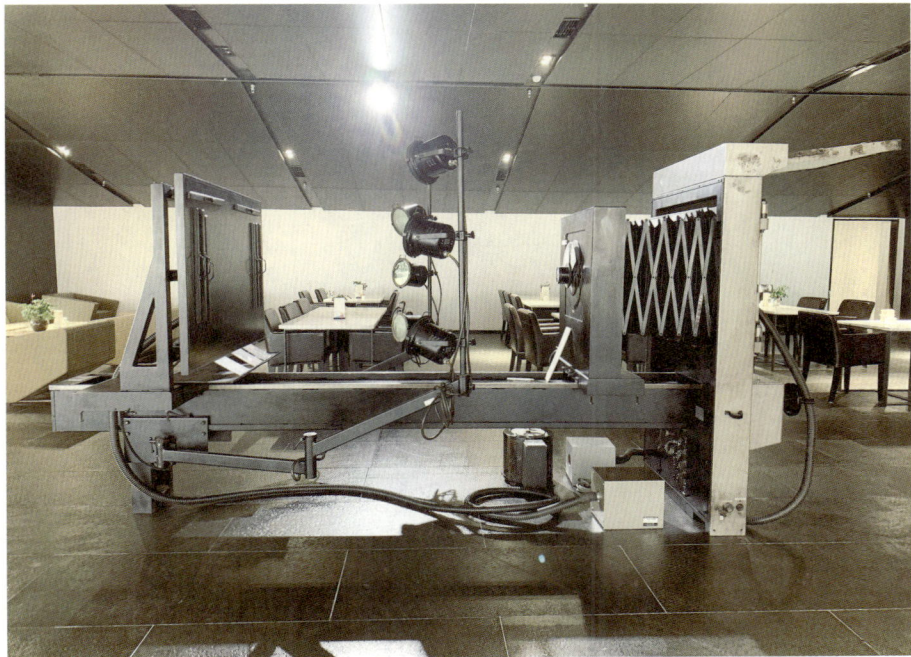

图 2.21　二玄社特制相机

印刷复制书画一方面取得出色的复制效果，另一方面其缺点也显而易见。首先受印刷使用的 CMYK 四色油墨生产工艺的限制，印刷出来的色彩亮度、层次感、立体感都不甚理想。其次，CMYK 四色油墨使用空间混合的色彩原理呈色，这样就会产生网点影响复制品的逼真程度。再次，印刷机无法使用丝绢、宣纸直接进行印刷，包括二玄社所使用的纸张也是特制的，因此复制品在材料方面就与原件有着本质的区别。最后，对于书画复制品这种数量较少的印刷品而言，印刷的成本也会高得惊人。

六、数字喷绘复制技术

数字喷绘机是一种大幅面的喷墨打印机，这种设备最早被用于传统工业印刷的印前校样。随着技术的不断完善，这种设备逐渐成为一种独立的生产设备，因其具有色彩表现力强、色彩控制精确、图像调整自由度大、制作工序少、制作时间短、速度快等优势，被广泛应用于中国书画复制领域。伴随着数字图像采集技术、色彩管理手段的不断发展，数字喷绘复制技术更是如虎添翼，成为当下书画复制最主流的技术手段之一。

（一）数字喷绘复制流程

数字喷绘复制书画的过程是全数字化的，每一个步骤都在色彩管理技术的控制下进行，从而保证最准确地还原书画原件的色彩信息。数字喷绘复制书画的工作大致可分为设备特征化、图像采集、数字图像文件的处理、承印材料的制作与特征化、复制品的喷绘输出五个步骤。[①]

数字喷绘复制涉及诸如大幅面数字扫描仪、图形工作站、数字喷绘机等诸多设备，设备特征化是为了确定不同设备的色域范围，并为设备的控制信号或指令赋予特定的颜色含义。所谓色域就是一种设备能够记录或复制色彩的最大范围。不同的设备色域范围都是不同的，因此在进行复制之前需要将

---

① 参见王赫《古书画复制的发展：以故宫博物院古书画复制为例》，《科技博物》2012 年 16 卷第 4 期，第 114 页。

所有使用的数字设备进行特征化。"特征化"是色彩管理中的专用词，指"用测量设备工作状态等方法生成该设备特性文件的过程"。[1]具体的工作包括显示器的校正，扫描仪 ICC 文件（由国际色彩协会建立的色彩描述文件的标准格式，体现为设备中的 ICC 文件）的制作等。（图 2.22）

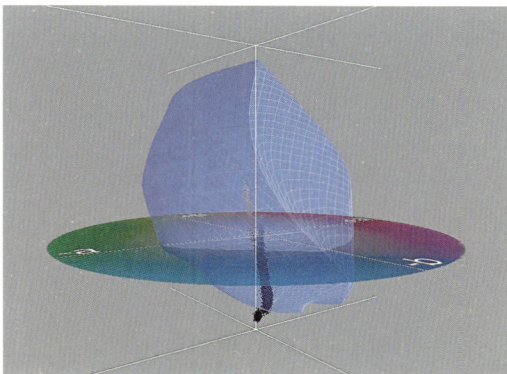

图 2.22　色域范围图示

在完成设备特征化之后即可开始对所需复制的书画原件进行图像采集。用于图像采集的设备有很多，其中以大幅面非接触平台扫描仪的采集质量最高。（图 2.23）图像采集完成后，扫描设备会将之前制作好的特征化 ICC 文件嵌入图像文件中，用于图像文件处理时的色彩转换。图像文件的处理，包括两方面内容：特性文件的转换、对采集图像的修改编辑。特性文件转换的目的是确保在不同设备间传递的数字图像能够保持相同的颜色效果。当然这只是理想的状态，实际操作过程中不同设备间的颜色效果不可能完全相同，但好的色彩管理确实可以获得接近一致的视觉匹配结果。此外，还需对采集图像进行修改编辑，使图像适合复制输出的需要。（图 2.24）

图 2.23　对书画原件进行图像采集

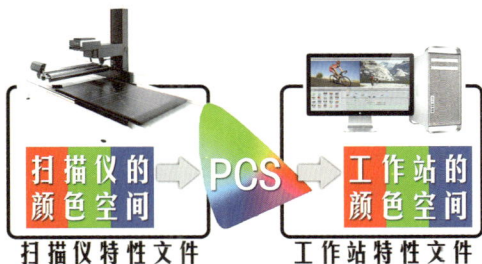

图 2.24　ICC 文件通过 PCS 进行色彩空间转换的示意图

---

① ［美］布鲁斯·法瑟等著，刘浩学、梁炯、武兵等译：《色彩管理》，电子工业出版社 2005 年版，第 500 页。

　　复制书画，应根据拟复制的书画选择与原件尽量一致的承印物，数字喷绘复制的承印物一般是宣纸或者画绢。承印物种类多种多样，有些是带有喷绘涂层的，有些则没有。备用的承印物需要通过分光光度仪的测量，通过测量承印物获得与其相匹配的特性文件。（图 2.25）承印物的特性文件将用于图形工作站到输出设备的色彩空间转换。最后通过色彩管理软件使用大幅面喷绘机进行复制品的喷绘输出。（图 2.26）

图 2.25　使用分光光度仪对承印物进行测量　　图 2.26　喷绘机喷绘输出

（二）数字喷绘中的色彩管理

　　所谓色彩管理是指运用计算机软硬件结合的方法，在生产系统中自动统一地管理和调整颜色以保证整个过程中颜色的一致性。具体到书画复制领域，简单地说色彩管理的目的就是将书画原件在人们大脑中产生的颜色感觉尽可能如实地在复制品上进行再现。（图 2.27）这个过程并非像描述起来那样容易，整个书画复制过程涉及诸如数码相机、扫描仪、显示器、大幅面喷绘机等输入和输出设备。不同的设备工作原理截然不同，比如扫描仪用 CCD（Charge-coupled Device，电荷耦合元件）捕捉色彩信息，液晶显示器利用液晶的基本性质实现颜色显示，喷绘机通过几种基础颜色的微小墨滴组成各种色彩。为了让这些不同原理产生出的色彩在人的大脑中形成一致的色彩感觉，必须做两件事：第一，给不同设备的 RGB（一种颜色标准，R、G、B 分别代表红、绿、蓝）、CMYK（印刷色彩模式，C、M、Y、K 分别代表青、品红、黄、黑四色）值赋予特定的颜色含义；第二，改变发送到设备的 RGB、CMYK 值，进而产生相同的颜色感觉。为设备赋予特定的颜色含义，是通过对输入输出设备进行测量进而生成该设备的 ICC 文件实现的。通过这些 ICC 文件间的转换可以确保最终输出色彩的准确性。以上整个流程被称为"色彩管理"。

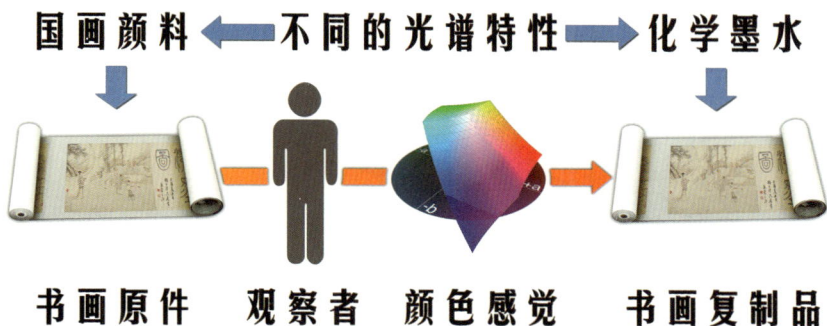

图 2.27　色彩管理应用于书画复制的示意图

　　EFI、GMG、Colorgate 等被称为"色彩管理软件程序"，主要侧重于对大幅面喷绘机的精准控制。众所周知，计算机通过驱动程序控制打印机或喷绘机工作，但这种原厂的驱动程序仅仅针对一些固定承印物（如特定品牌的喷墨打印纸）的打印需求进行设计，而书画喷绘复制会使用到各种质地的纸张、丝绢。面对复杂的使用场景，不使用色彩管理软件往往会造成输出画面偏色、层次减少甚至墨水洇开等情况。色彩管理软件可以根据分光光度仪所测量的承印物特性，精准控制喷绘机的喷墨量，从而获得最好的喷绘输出效果。

　　数字喷绘复制技术基本不受作品类型的限制，对工笔重彩绘画、水墨写意绘画以及书法作品均能获得出众的复制效果，因而成为目前书画复制领域主流的复制方法。但另一方面，受目前的技术条件限制，数字喷绘制作出的书画复制品也并非完美无缺，存在着画面颜色层缺乏质感、蓝绿调子表现力差等缺陷。

七、书画综合复制技术

伴随着图像采集和印刷技术的发展，高质量的书画影像和印刷品越发丰富。从信息复制传播的角度来说，这也相当于一种对书画的复制。在对书画作品了解的方便程度上，当代人正处于一个全面超越历史上所有阶段的领先地位。但本节要讨论的书画综合复制并非上述广义而言的对书画图像的数字化传播与印刷传播，而是将传统的人工临摹复制技术与数字喷绘复制技术进行结合，其目的是最大限度地还原书画的所有细节特征，获得高质量的复制品。因与广义上的各种复制品有所区别，这种复制品可被称为"博物馆级别的复制品"。

所谓细节特征不仅包含书画原本的图像细节，还包括书画原作使用的纸张、丝绢的材料质感，绘画使用的颜料质感，特别是石色（矿物质颜料）的颜料质感，书画中各类印章的质感，以及书画本身装裱的方式等。只有做到以上细节特征的高度还原，才能制作出尽可能接近书画原件的博物馆级别的复制品。这种级别的复制品将作为书画原件的替身，享受与原件相同的保藏待遇，传诸后世。同时也可在一些展期较长的展览中替代文物原件进行陈列。

对于书画作品的细节特征，我们需要分两方面进行论述，即图像细节与质感细节特征。这里需要明确一下图像细节与质感细节特征的含义。所谓图像细节，这里指的是书画作品中画面图像所包含的具体内容细节，比如山水画中的树木纷繁的枝叶、山石的皴笔、细小的苔点，人物画中人物的发丝、繁复的配饰，花鸟画中动物身上的绒毛等，甚至于画面中的霉迹、水渍、虫蛀等痕迹也属于图像细节的范畴。（图 2.28）这些图像细节能否得以再现，主要受限于大幅面相机或高精度扫描仪等图像采集设备和显示器、喷绘机、印刷机等图像输出设备的能力。图像细节的准确再现可以造就高质量的书画影像和印刷品，甚至一般的商业复制品，但这仅是制作出博物馆级别复制品的必要条件而非充分条件。

质感细节特征则是构成博物馆级别复制品充分条件的重要组成部分。所谓质感细节特征，主要表现为特定材料所展现出的质感特征，如使用宣纸的

图 2.28　书画中的枝叶、霉迹、破损等图像细节

绘画自然会带有宣纸的帘纹，绢本绘画使用的画绢会有织物纹理。再如，工笔重彩中使用的石青、石绿、朱砂等矿物质颜料，这些颜料都是将特定矿物研磨成粉，加胶分数次绘制在画面上的，这种绘画方式会形成具有一定厚度的颜料层。（图 2.29）书

图 2.29　画绢上石青颜料层 200 倍放大照片

画中钤印所用的印泥中包含有朱砂、艾绒、蓖麻油等成分。钤印在不同材料上也会产生小的质感差别。这些细节因素都决定着复制品本身的品质。

　　书画复制要同时实现高品质再现图像细节与质感细节特征，前文所论及的任何复制技术均无法单独实现这一目标。在这些复制技术中，有两种颇具互补性。其中数字喷绘复制技术是目前精度最高、速度最快的复制方法；人工临摹复制技术则是最古老，且是基本上可以实现复制品与原件司工同料的复制方法。

（一）两种复制技术的优势及局限

人工临摹复制技术与数字喷绘复制技术的复制程序前文中已有讨论，这两种复制技术可以说分别代表着书画复制技术的两极，即传统与现代。从复制效果来审视，二者可以说是各具优势也各有不足。人工临摹需要先将书画原件中的线条勾稿到胶版上，然后再过稿到画绢上。对于没有明确界线的水墨写意作品这一方法并不适用。水墨写意绘画很多都绘制在没有经过矾制的生宣纸上，墨、色会在纸上自然晕散开来，这种晕散是无法使用人工临摹准确再现的。对于书法作品，人工临摹只能采用双勾填墨的方法进行摹制，对于飞白书无法准确再现，即便勉强摹制出来，最终呈现的效果也难免死板。人工摹制一件作品要花费大量时间，效率难以满足大量复制的需求。数字复制技术有着色彩表现力强、色彩控制精确、制作速度快、可以在短时间内再现出高品质的图像细节等诸多优势。仅从图像准确性角度衡量，数字喷绘复制品与书画原件是完全一致的。对于写意绘画以及书法作品，数字喷绘复制的优势极为明显，而这一优势恰恰是人工临摹的局限与短板。

人工临摹虽然有着局限与不足，但优势也极为明显。人工临摹可以在和原件同样的纸张、丝绢上面使用传统的书画颜料进行复制，即所谓的同工同料。使用与书画原件相同的工艺与材料意味着复制品与原件在许多质感的细节特征上更加一致。这种一致性，可以表现在人们在观看和触摸书画复制品时的视觉、触觉甚至听觉上。因为只有相同或极为近似的材料才能展现出质感的一致性。而数字复制只能使用极为有限的专用材料进行。以数字复制中使用的丝绢为例，

图 2.30　人工临摹所用画绢（左）、喷绘专用的丝绢（右）放大 200 倍对比图

用于数字喷绘的丝绢往往会进行漂白并在其表面涂布涂层。这种加工虽然可以扩展丝绢的色域范围，进而使喷绘上的颜色更加鲜明也更加有表现力，但同时也会改变丝绢原有的纤维密度并使其失去画绢应有的质感表现。从图 2.30 中我们可以看到，人工临摹所用画绢与喷绘专用的丝绢的不同之处。

这种区别还表现在颜料层上。这里说的颜料主要指人工临摹中的石色，即矿物粉末颜料与喷绘颜料墨水。石色是各种矿物如蓝铜矿、孔雀石甚至青金石等研磨成粉末制成的颜色。使用胶液调和后绘制在丝绢上，反复绘制后，石色会产生一定厚度的颜料层。这种颜料层在视觉与触觉上都会被感受到。相较之下，喷绘墨水无法产生可为人感知的颜料层，这使得数字复制技术在复制大量运用石色的工笔重彩绘画时缺少层次感。石色展现出的色彩即矿物本身的色彩，这种色彩往往超过目前数字喷绘墨水的色域范围。目前的数字喷绘墨水虽然已经发展到 11 色甚至更多色彩，但原理上仍然属于一种色彩的空间混合，即使用多种颜色的微小墨滴排列在一起模拟出各种颜色。这种模拟的色彩饱和度往往无法与矿物色彩相比。

数字复制与人工临摹两种复制方法虽然差别巨大，且优势及局限显著，但二者仍存在着很强的互补性，将这两种复制技术综合运用将是制作出高品质博物馆收藏级复制品的关键所在。

（二）综合复制的进展

数字喷绘复制技术与人工临摹复制技术的结合并非易事，其中最主要的困难在于使用的材料。数字喷绘复制使用的喷绘墨水与涂层宣纸、丝绢（以下简称为"涂层承印物"）与人工临摹使用的矿物、植物颜料与丝绢、宣纸缺乏兼容性，具体表现为涂层承印物的可绘画性很差，传统的矿物、植物颜料无法在涂层承印物上取得与传统材料一致或近似的绘画效果。涂层承印物也无法使用传统的胶矾水增加其可绘画性。这使得传统绘画中的分染、罩染技巧在涂层承印物上无法施展。喷绘墨水打印在无涂层的丝绢、宣纸上色彩暗淡，甚至会产生不可控的晕散。在依旧使用涂层承印物的前提下，数字喷绘复制与人工临摹的综合运用十分受限，但依然有所发展。

笔者曾综合运用数字喷绘与人工临摹复制"宋金银书妙法莲华经"。整部经文写在磁青纸上。这种纸张制作工艺已经失传，无法使用原有工艺复制。所有经文与图画均使用泥金、泥银（将金银研磨成粉末加胶制成的颜料）书写，而数字喷绘复制品是无法表现出泥金、泥银的金属光泽与质感的。

涂层承印物虽然无法进行精微的渲染，但使用泥金、泥银进行勾勒还是可以实现的。对于这件文物的基本复制思路是：使用数字喷绘复制技术准确还原出磁青纸的色彩，包括纸张上开裂、水渍等图像细节；同时完成经书文字、经变画、银丝栏的同步复制输出；在此基础上，通过人工临摹的方式，将与文物原件相同的泥金、泥银摹制于数字复制的经卷稿本之上，最大限度地使复制品在图像细节与质感细节两方面均接近文物原件。（本案例的复制细节在最后一章中有详细论述。）使用同样的综合复制方法，笔者曾复制过有"北洋第一烟"之称的晚清"龙球牌"卷烟的外包装，也取得了很好的复制效果。（本案例详细复制流程，请见最后一章"书画复制案例解析"。）泥金、泥银颜料覆盖力很强，基本不会受到喷绘图像的影响，但如果换成其他覆盖力弱的颜料，人工摹制的效果将会大打折扣。

毋庸置疑，使用涂层承印物结合简单的人工勾勒方式进行综合复制的适用范围太过有限。有赖于数字喷绘墨水的技术进步，更加灵活与深入的综合复制方式正在成为可能。以往的数字喷绘墨水必须在涂层承印物上才能进行喷绘输出，这严重地限制了可供使用的承印物种类。新一代的喷绘墨水将纳米技术应用其中，可以在无涂层承印物上进行相对高品质的输出。之所以说是"相对高品质"，是因为无涂层承印物多种多样，色域范围各有不同，虽然达不到涂层承印物的色域范围，但也可以实现较为稳定的输出质量。对于很多书画复制品来说，材料的质感特征有时候会超越图像细节特征的权重。下面将结合一些案例来说明这个问题。

古籍、文献的复制可以作为质感特征优先的例证。受印刷成本的限制，古籍大多使用成本低廉的竹纸进行印刷。竹纸与使用檀皮与稻草为原料的宣纸在质感上有着很大区别。直观感受上，竹纸比宣纸更加轻薄，韧性较差。目前涂层承印物通常是以宣纸作为基底制作的，如果使用这种材料来复制古籍，待复制品装订成册时，宣纸会完全破坏古籍的原有质感。要解决这个问题，唯有使用与古籍材料相同的竹纸进行复制。无奈的是，几乎没有涂层承印物是以竹纸为基底进行制作的，使用新一代喷绘墨水在无涂层竹纸上直接喷绘成为最好的复制方案。笔者曾以这种方式复制清宫旧藏《皇上进药底簿》《皇上药方》《老佛爷药方》等古籍文献，取得了很好的复制效果。（图 2.31）

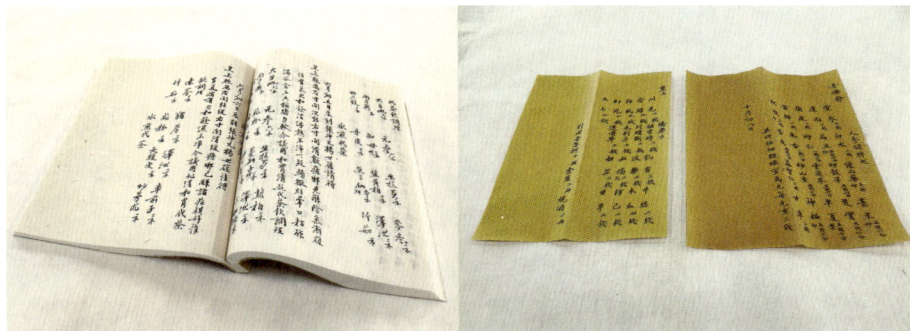

图 2.31　《皇上进药底簿》《皇上药方》《老佛爷药方》复制品

（三）多种复制方法对比实验

既然无涂层纸质承印物的喷绘复制效果已经达到可以接受的程度，那么将这种方式应用于矾制画绢上也成为一种可能，进而可以解决绢本涂层承印物可绘画性差这一关键问题。笔者在复制元代朱玉的《龙宫水府》图页时，对同一件文物采用了不同复制方法，从而制作出三个实验样本，用以对比不同复制方法产生的区别。

样本 1：采用传统的人工临摹复制方法，即在手工染色矾制的丝绢上使用传统的临摹方法进行摹制。

样本 2：使用新一代纳米喷绘墨水将复制图像直接喷绘到仅经矾制的丝绢上。

样本 3：单独使用数字喷绘复制技术，使用带有涂层的丝绢，使用 epson 原装喷绘墨水进行喷绘复制。

结合三个样本的显微放大图，逐一验证不同复制方式产生的差异。

样本1：复制品与文物原件可以做到同工同料，在50倍与200倍的三维视频照片中呈现出与原作绘画一致的质感特征。但人工临摹的复制品在图像细节方面无法与原件完全一致。复制品可以按照传统方式进行装裱。

样本2：肉眼观察与样本1差别不大，图像细节更加准确，不存在人工摹制的差异瑕疵。但在200倍的三维视频照片中可以发现喷绘的杂色，这导致画面相较纯粹的人工临摹件来说不够清晰锐利，这是喷绘机的工作原理造成的，可以视作数字喷绘复制的微观特征。由于采用了手工矾制丝绢，二者在纤维结构上一致，从而实现相似质感细节表现。（图2.32）另外，手工画绢除了可以在正面渲染外，也可以在画面背面进行托色。托色是一种工笔技法，即在画面背面平涂颜色，可以使正面颜色显得更加厚重。由于样本2使用的是未经漂白的本色矾制丝绢，丝绢的色域范围会小于样本3。这也导致样本2在明亮部分的色彩稍显晦暗，层次感有一定损失，但整体效果仍处于可接受的范围。样本2可以使用人工摹制的方法进行线条复勒、渲染与托色。

样本3：与原件相比图像细节准确、色彩还原准确、图像层次丰富，但带有涂层的丝绢经过特殊处理，其材料质感上已经与手工画绢有了很大的区别，这种区别是单凭肉眼以及触感就可以分辨的。在50倍与200倍的三维视频照片中，这种差异愈加明显。(图2.33)另外这种涂层丝绢背面带有一层机裱膜，目的是提升材料在喷绘机运行的平顺性，防止材料过软过薄卡在喷绘机中。机裱膜是完全粘在丝绢背面而无法去除的，这带来两个问题：第一，无法在丝

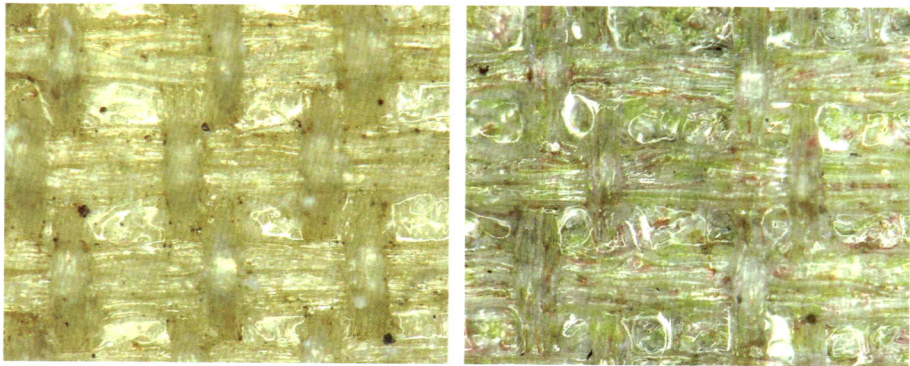

图2.32　样本1（左）与样本2（右），200倍三维视频图像

图 2.33　样本 2（左）使用人工画绢，样本 3（右）使用经漂白，带有图层的丝绢

绢背面进行托色；第二，机裱膜不易吸水会影响到最终的手工装裱工序。

　　笔者将样本 2 使用人工临摹的方式进行进一步绘制，包括用墨分染水口处，用墨、钛白粉等颜料复勒画面最暗与最亮部分。这样做的目的主要是验证人工临摹在弥补由于矾制绢色域狭窄造成的图像层次感差这一缺陷时的效果，进而验证经喷绘后矾制画绢的可绘画性。通过图片可以观察到，使用水墨分染的部分过渡自然且渲染过程中不会造成喷绘线条部分的晕散或脱落。墨线与钛白粉均可以正常勾勒与渲染，经过人工加笔达到了增加画面层次的预期目的，喷绘墨水并未影响人工加笔过程。这为复制其他多种类型的书画作品提供了比较灵活的操作空间。（图 2.34）

图 2.34　左图为用墨分染水口处，右图为钛白粉勾勒人物胡须处

笔者将上述复制方法应用到《碧山绀宇图页》的复制中，进一步验证综合复制技术在青绿重彩绘画复制中的效果。通过实验可以发现单纯使用数字喷绘制作的《碧山绀宇图页》赭石与墨线部分色彩还原比较准确，但石绿部分明显无法到达与石色相同的高纯度和颜料质感。（图 2.35）笔者进而使用人工临摹对画面中石绿、石青、朱砂的部分进行渲染，最终取得了与人工临摹复制高度一致的效果。（图 2.36）通过三维视频检测可以观察到，经过人工加笔的喷绘复制品绢丝纤维中均含有石青、石绿颜料层，在微观特征上与人工临摹的画面高度相似，进而使画面获得了与人工摹制极为相似的质感特

图 2.35　喷绘复制品（左）与人工绘制件（右）进行对比

图 2.36　经过加笔的喷绘复制品（左）与人工绘制件（右）进行对比

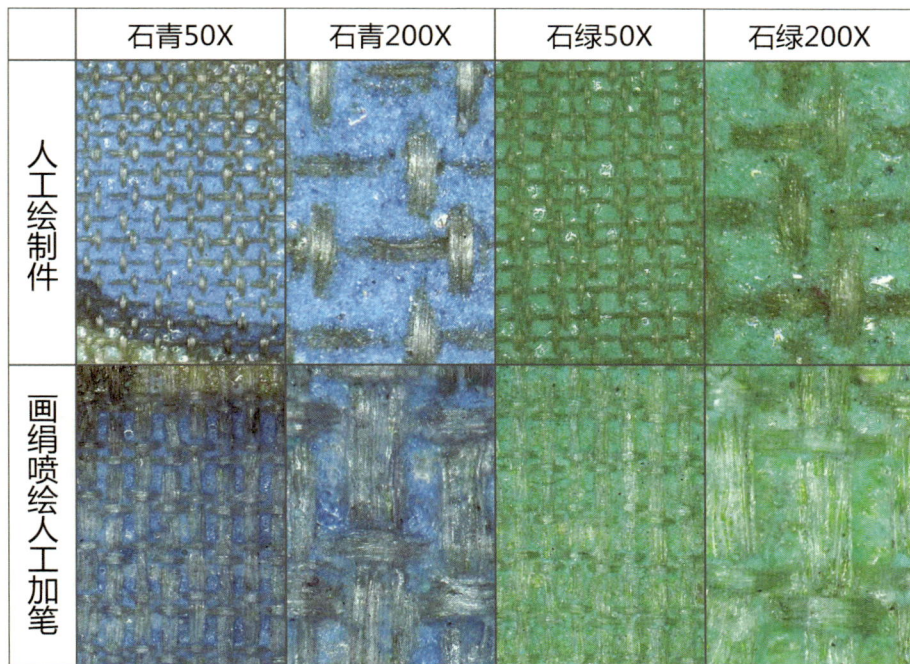

	石青50X	石青200X	石绿50X	石绿200X
人工绘制件				
画绢喷绘人工加笔				

图 2.37　人工临摹件与画绢喷绘人工加笔两个样本的放大局部对比

征。需要说明的是，两个样本使用的丝绢织造密度有所不同，因而导致绢丝在显微照片中纤维粗细区别较大，但这并不影响二者颜料层的质感高度相似。（图 2.37）与此同时，由于数字喷绘的介入，人工加笔渲染只需针对石色部分进行，其他部分则不需要人工参与。在喷绘输出的绿色、蓝色基础上进行石绿、石青渲染，渲染次数可以相对于纯人工绘制件适当减少，同样可以达到相似的画面效果，这大大提升了所复制图像细节的准确性和复制效率，在图像细节与质感细节特征两方面达到一个最优配置。当然渲染次数的减少也造成图 2.37 中上下两个样本颜料层厚度的显著差异，但这种差异是相对微观层面而言的，人眼直接观察画面时会看到二者颜色的色相与质感特征已经高度接近了。除绢本材料可以使用上述方法将数字喷绘与人工临摹进行结合复制外，针对竹纸、宣纸等纸张材料也可以获得相似的复制效果，这里不再赘述。

经上述实验可以验证，使用新一代纳米喷绘墨水在人工矾制的纸、绢上可以达到接近以往使用涂层承印物的复制效果。而矾制纸、绢在材料的质感特征与可绘画性方面可全面超越涂层承印物。这使得人工临摹与数字喷绘两种复制技术以更紧密更灵活的方式得以综合运用，在确保复制品图像细节的同时，复制品的质感细节也得到极大的提升，并在承印物与部分石色颜料方面做到与书画原件材料相同。

（四）三维打印技术的助力

印章在中国传统书画艺术中扮演着重要角色。在传统的人工临摹复制书画技艺中，最后一步就是钤盖印章。这些印章最初是采用摹刻的方式进行复制。但摹刻与摹画一样都无法确保印文与原件完全一致。后来出现了使用铜板腐蚀复制的印章，这种印章需要将印文描摹下来进行制版，这个过程容易产生误差。随着环保要求愈加严格，可以制作腐蚀印章的场地也愈加难以寻觅。数字喷绘复制虽然可以将书画中的印章丝毫不差地与画面同时喷绘输出，但这种印章只是在图像细节上与原件高度一致，质感特征上却与使用印泥钤盖的印章差距明显。此外，对于一些钤盖在书画作品与装裱材料衔接处的骑缝章，单纯的数字喷绘复制也难以呈现。因此，使用印泥进行印章钤盖依然是印章复制效果最好的方式。

得益于数字化的三维打印技术的发展，目前已经可以使用三维打印技术复制印章。首先需要从书画作品的高清图像中将印章单独提取出来。接下来

图 2.38　印章数字模型与用三维打印技术打印出的印章

需要将图片文件转化为可供打印的三维模型文件。第三步，将三维模型文件输入三维打印机中进行打印。（图 2.38）最后，将打印出的印章模型打磨光滑，去除打印产生的纹理瑕疵就可以钤盖印章了。（图 2.39）使用这种方式复制的印章印文准确，制作过程环保快捷，配合各种类型的印泥可以有效地提升书画复制品的逼真程度与细节质感。

图 2.39　使用三维打印的印章进行钤盖与钤盖效果

随着数字技术的发展，书画的复制技术也不断更新迭代。目前的技术条件优于历史上任何一个时期，即便如此，书画复制品的品质相较于原件依然有着显著的差距。这种差距既体现在人工临摹的技法，也体现在数字喷绘复制的质感上。之所以强调这种差距，是因为对博物馆级别复制品的评价标准不应仅停留在图像采集的分辨率是否够高，制作的复制品内容是否纤毫毕现这种单一的标准上。作为书画原件的替身，当原件最终因老化而消失在历史长河中时，这些替身能否肩负起尽可能全面再现原件风貌的职责，是值得所有书画复制专业人员思考的课题。将传统技艺与科学技术相结合将有助于我们制作出更高水平的书画复制品，这对珍贵书画的保护意义重大。在目前的技术条件下，将数字喷绘复制技术与人工临摹复制技术综合运用是制作出博物馆级别书画复制品的有效方式。随着相关技术的发展，相信未来在书画综合复制领域，我们会有更多的选项。

八、人工临摹复制技术的改良

（一）人工临摹复制技术面临的问题

人工临摹复制技术的工序前文已有论述，可分为读画、矾绢（或矾纸）、勾稿、过稿、着色、做旧、摹款、钤印几个步骤。理想状态下人工临摹复制的每个工序，都需要在与书画原件的不断对照中进行。特别是勾稿需要将透明胶片蒙在原件上进行，而实际临摹复制过程中出于对书画原件的保护，通常使用与书画原件尺寸相同的照片或高清打印件。这实际上已经是对历史上传承下来的书画临摹技术的一种改良。但其他工序仍然需要将书画原件置于摹画师案头以便随时进行对照。为保护书画原作，临摹时需将书画原件放置于专用的画盒中。历史上书画的存放环境无法进行人为干预，这也就意味着在环境温湿度方面，置于画盒中的书画原件与其在库房或展厅中并无显著差异。但是，随着恒温恒湿文物库房的建立与恒温恒湿展柜的普遍使用，珍贵的书画在其中可以得到更加妥善的保护。相较之下，在临摹复制过程中，仅将书画原件装入画盒的保护方式就成为整个庋藏保护过程中的巨大短板和风险点，也成为现今调用书画原件进行临摹复制的巨大障碍。

有观点认为，随着高清晰数字化扫描与高保真印刷技术的发展，人工临摹复制书画已变得没有必要，加之上述书画临摹复制期间保护环境的限制，传统的人工临摹复制越发难以开展。实际上，高清晰数字化扫描只是将书画文物转换为数字化影像。一方面，受现有技术条件的限制，高清扫描形成的数字文件并不能包含书画中所有的色彩信息，特别是在再现传统矿物颜色方面有着较大的欠缺。另一方面，书画原作除了图像细节以外，还包括书画原作使用的纸张、丝绢的材料质感，绘画使用的颜料质感，特别是石色（矿物质颜料）的颜料质感。书画中各类印章的真实质感是数字影像乃至高保真印刷均无法再现的。书画原件与数字影像或高保真印刷之间的差别可以作如下类比：就如同面对一张高清太和殿照片和真实地站在太和殿广场看到太和殿之间的区别一样。单独看照片似乎已极尽真实，而相对于目睹所获信息来说却是挂一漏万。人工临摹复制以与原件同工同料的方式进行复制，最大限度地还原书画原作的全面信息，因此对珍贵书画进行高水平的人工临摹复制是极为必要的，况且人工临摹复制技艺本身也需要在实际的临摹工作中得到保护与传承。以高清晰数字化扫描与高保真印刷为代表的数字图像技术虽然无法替代人工临摹本身，却可以介入传统人工临摹复制技术的改良，从而尽可能消除临摹复制过程给书画原件保存带来的风险。

（二）数字图像技术的介入

数字图像技术介入人工临摹复制技术可以从两个方面进行：一方面是针对书画原作的影像数字化，即使用高精度扫描仪将书画原件扫描转换为数字文件，如故宫博物院使用的大幅面平台式扫描仪（图2.40），这种设备可以实现最高1200dpi的输入分辨率(不同品牌型号的设备，输入分辨率会有所区别)，可以实现对书画原件图像细节的高度还原。（图2.41）同时，这种设备的色域范围也是目前现有设备中最大的，这个范围超过了目前专业显示器可显示的色域范围，当然也远超高保真印刷的色域范围。（图2.42）这种高质量的数字图像文件可以从某种程度上替代书画原件在临摹过程中充当对照物的角色。想要高品质地显示这种数字图像文件，还需要具备专业素质的显示设备，如具备硬件显示查找表LUT（Look-Up-Table），广色域覆盖99% AdobeRGB、98% DCI-P3或更好的显示面板等。

另一方面，是使用已经获得的高清数字文件进行高精度的印制输出。输出后的图像可以用于人工临摹的勾稿工序，也可以作为底稿直接进行过稿，两种方式的区别稍后进行讨论。需要强调的是，想保证高精度印制输出的质量，需要确保制作步骤都在色彩管理技术的控制下进行，从而保证最大限度地还原书画的

图2.40　大幅面平台式扫描仪

图 2.41　高清数字文件的图像细节

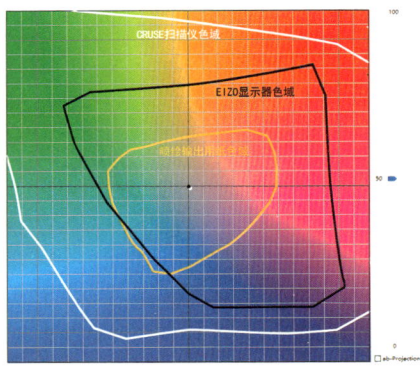

图 2.42　大幅面平台式扫描仪色域图（白线范围）

色彩信息。这个喷绘输出过程要严格参照数字喷绘复制书画的工作标准。

（三）临摹复制工序的改良

对复制工序的改良需遵循以下两个原则：第一，不改变业已形成的书画临摹复制的核心工作方式。第二，在保证复制准确性的基础上尽可能减少对书画原件的扰动与影响。书画人工临摹复制技术传承千年，早已形成了十分成熟完善的工作方式，对核心工作方式的贸然改变必将影响复制效果和对技术本身的传承。但传统的复制工序对书画原件的占用时间过长，对珍贵书画的保护造成潜在的不良影响，因此必须通过对人工临摹复制技术的改良减少对书画原件的占用时间。

人工临摹复制技术的经典工序分为读画、矾绢（或矾纸）、勾稿、过稿、着色、做旧、摹款、钤印八个主要工序。其中矾绢（或矾纸）工序基本上可脱离书画原件进行（但对绢和纸的染色仍然需要对照原件），不影响临摹工序，这里不作讨论，题款（摹款）虽可以纳入临摹的整体过程中，但对工序改良影响不大，故下文将不再将这一工序单独列出。通过图 2.43 "经典工序" 一列可以发现，在人工临摹复制工序中的前 5 项是对书画原件占用的主要部分，引入数字图像技术对其进行改良是工序改良的核心工作，接下来就对每道工序进行分析并提出相应的改良方案。

1.读画

读画是开展临摹复制前的重要准备工作。针对不同时代、不同风格的临摹复制对象，动笔之前需要尽可能熟悉书画原作的使用技法、时代风格、材料使用等方面的细节信息。读画是对书画原件的直接观摩，在书画人工临摹

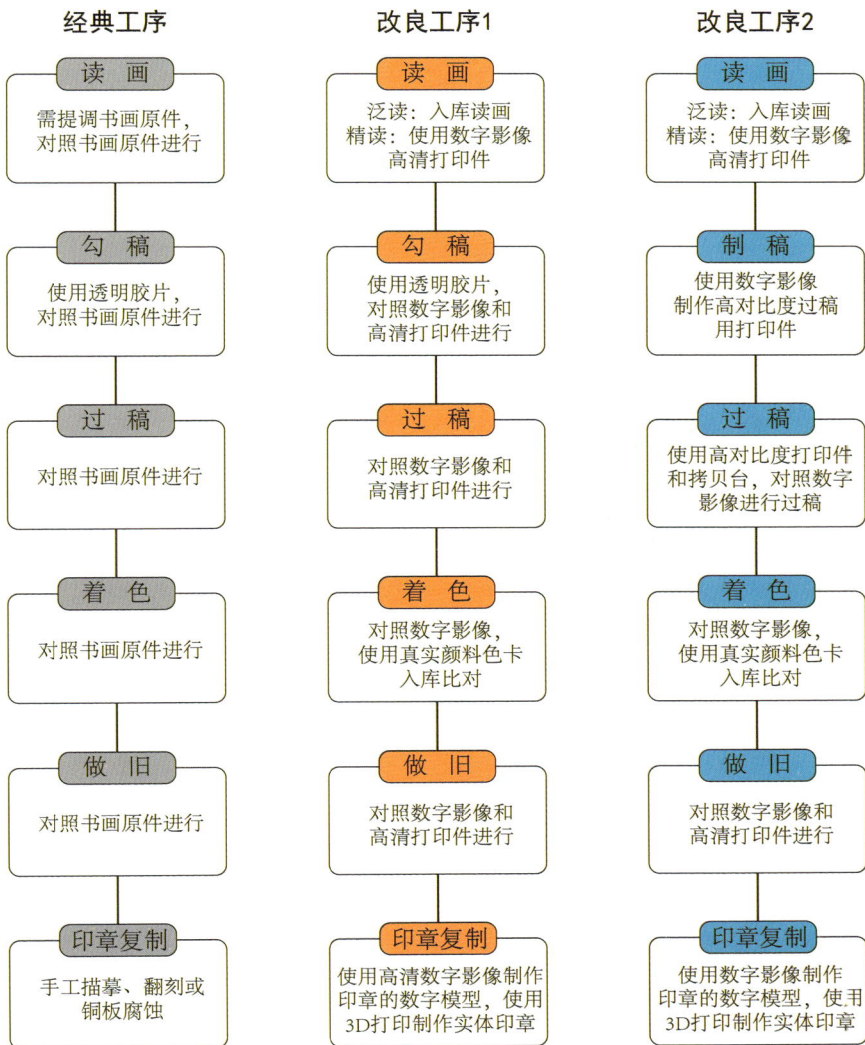

图 2.43　人工临摹复制工序流程图

复制中至关重要，临摹者需做到胸有成竹才能开始动笔。在临摹复制的经典工序中，读画都需要将书画原件从库房中提调出来并装入专用画盒中，临摹人员对原件进行细细品读，根据作品不同，读画时间长短不等。这种方式难以确保书画原件在画盒中的温湿度恒定可控，对书画原件的保存会造成潜在的风险。为解决上述问题，需要将读画工序进一步分解为泛读与精读两个子步骤。所谓泛读，是指临摹人员进入文物库房，在库房环境中对拟临摹复制的书画原件进行观摩，从而尽可能减少书画原件存放环境转变造成的不利影响。这个过程主要是对书画的整体气氛、画面的质感细节特征有一个总体的把握。对作品形成总体印象后就可以进入精读阶段。所谓精读，是指离开书画原件，使用书画原件的高清数字影像与高清印制件进行画面的细节研读。受惠于数字影像的高精度，精读时可以将影像放大数倍，以了解最细微的图像细节。这在经典工序中是做不到的。根据复制需要泛读与精读可以反复进行，以达到全面了解拟复制作品的目的。

2. 勾稿、制稿与过稿

出于对书画原件保护的目的，勾稿在临摹复制的经典工序中早已摒弃直接使用书画原件的方式，转而将胶版蒙在书画等大照片或高清印制件上进行。改良工序最大的改变是将勾稿时参考比对的书画原件改良为高清数字影像或印制件。这一改变同样具备读画工序中使用数字影像的优势，故不再赘述。经典工序中使用胶版勾稿，目的在于从画面中准确提取边缘轮廓的准确形状，进而过稿到复制品的丝绢或纸张上。（图 2.44）这意味着要完成过稿，要分别在胶版上和复制品上进行两次描摹，两次描摹不但效率较低，在此过程中过稿的线条也可能发生小幅度的变形。为提升临摹复制的准确性与效率，需要将经典工序中使用胶版勾稿的工序加以改良，变勾稿为制稿。所谓制稿，指的是使用书画原件的高清数字影像，通过计算机图形软件调整影像的锐化程度、亮度、对比度等因素，进而制作出一种影像轮廓清晰的高对比度的数字影像。这种高对比度影像经过印制输出后，即可制成与书画原件轮廓完全一致的用于过稿的稿子。接下来将复制品使用的丝绢或纸张蒙在这幅高对比度稿子上，通过使用拷贝台可以一次性完成过稿。（图2.45）相比经典工序中利用胶版勾稿、过稿的方法，这种方式效率和准确性更高，但是对于一些画面晦暗或者画面轮廓被覆盖的情况，经典的胶版勾稿仍然有着不可替代的优势。因此使用哪种方式进行过稿，还需要复制人员根据具体的复制对象进行选择。这里将这两种过稿方式展现为图2.43中的"改良工序1"与"改良工序2"。

图2.44　完成勾稿的胶版

图2.45　将丝绢蒙在高对比度稿子上使用拷贝台过稿

　　对于一些线条被色彩覆盖导致无法清晰辨认的情况，则可以考虑使用高光谱成像技术对原始的起稿墨线进行识别。高光谱成像技术是目前最为安全、最不易受检测对象和检测环境限制的无损检测新技术之一，目前已在故宫博物院书画文物上使用过多次①。高光谱成像技术能在紫外、可见光、红外的电磁波段获取许多窄波段的图像数据，即为每个像元提供数十到数百个波段的光谱信息，组成一条完整且连续的光谱曲线，这些曲线可以用来定量分析观

---

① 参见史宁昌、李广华、雷勇等《高光谱成像技术在故宫书画文物保护中的应用》，《文物保护与考古科学》2017年第3期，第24—30页。

测对象的属性①。因此，高光谱成像技术可以同时大幅面获得图像和反射光谱，这些信息不仅可以发现书画作品的涂改与涂抹痕迹，而且对于底稿线和轮廓线等线描特征的提取有着非常好的效果。目前故宫博物院已开展相关工作，例如使用高光谱成像技术对乾隆时期著名宫廷画家丁关鹏绘制的《释迦及十六尊者像》中第五尊罗汉像进行分析，将两种底稿线（赭石和炭黑）和两种轮廓线（炭黑和靛蓝）提取出来，这些信息将有助于书画临摹中勾稿、制稿和过稿的完成。

3. 着色与做旧

临摹复制过程中的着色主要是针对绘画作品而言的。做旧工序则书法、绘画作品复制都会有所涉及。人工临摹复制的绘画作品主要属于工笔重彩一类，复制品的色彩能否与原件保持一致决定了临摹复制结果的成败。中国传统的绘画颜料大体可分石色与水色两大类。石色指矿物质颜料，典型的如石青、石绿、朱砂、石黄等。水色主要指花青、藤黄、胭脂等由植物提取的颜料。在经典工序中，复制人员在着色阶段可以比照书画原件的色彩，从而确保复制品与原件色彩高度一致。改良工序中由于使用高清数字影像和高清印制件替代了原件，想做到复制品与原件色彩一致就需要从两个方面进行准备：一方面要严格执行色彩管

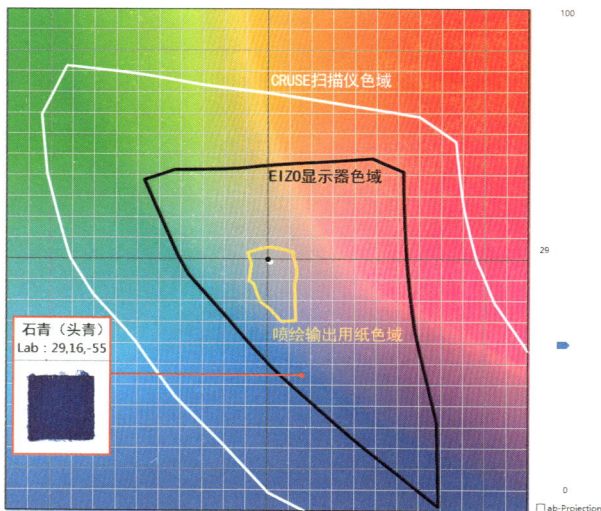

图 2.46　石青色所处 Lab 位置示意图

---

① 参见林姝《崇庆皇太后画像的新发现——姚文瀚画〈崇庆皇太后八旬万寿图〉》，《故宫博物院院刊》2015年第 4 期，第 54—66 页。

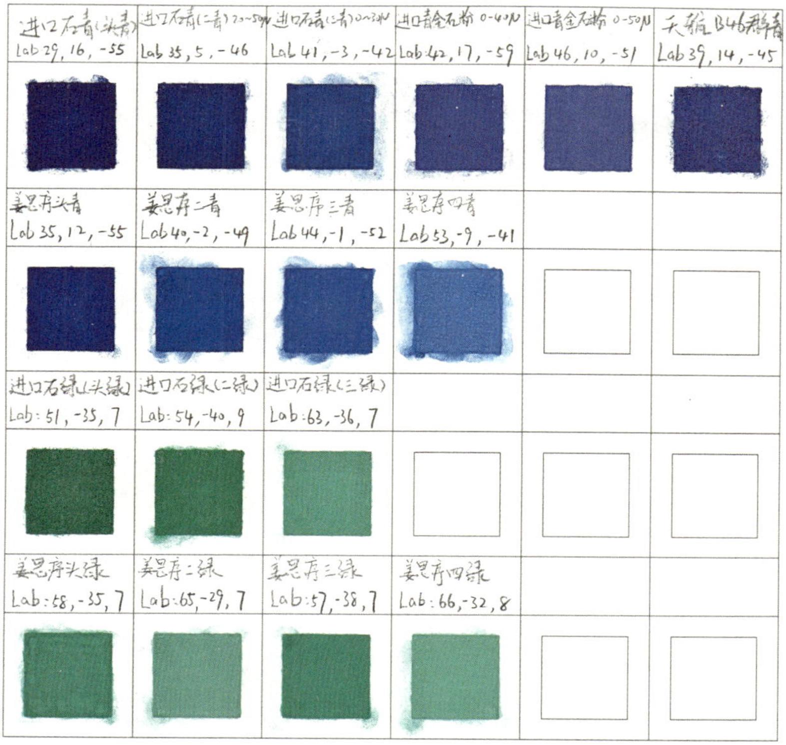

进口石青（头青）Lab 29, 16, -55 | 进口石青（二青）20~50N Lab 35, 5, -46 | 进口石青（三青）20~30N Lab 41, -3, -42 | 进口青石标 0-40N Lab 42, 17, -59 | 进口青金石标 0-50N Lab 46, 10, -51 | 天然 B46群青 Lab 39, 14, -45

姜思序头青 Lab 35, 12, -55 | 姜思序二青 Lab 40, -2, -49 | 姜思序三青 Lab 44, -1, -52 | 姜思序四青 Lab 33, -9, -41

进口石绿（头绿）Lab: 51, -35, 7 | 进口石绿（二绿）Lab: 54, -40, 9 | 进口石绿（三绿）Lab: 63, -36, 7

姜思序头绿 Lab: 58, -35, 7 | 姜思序二绿 Lab: 65, -29, 7 | 姜思序三绿 Lab: 57, -38, 7 | 姜思序四绿 Lab: 66, -32, 8

图 2.47　石色颜料色卡

理的相应程序，确保扫描获取的高清数字影像无论是在显示器中，还是输出为印制件后都能准确反映书画原件大部分的色彩信息。之所以说是大部分，是因为受技术条件限制，石色颜料往往会产生数字影像和印制件无法表现的色域外颜色。如图 2.46 中，石青色所处的位置已经超出黄色线条框出的印制纸张的色域范围。这就意味着这种颜色无法准确再现到高清印制件上。该颜色虽然仍处于显示器显示色域以内，但该颜色属于反射显色，与显示器自发光显色在观看感受上仍有明显的区别。针对这些颜色，复制人员要保持敏锐的感知，还需要通过颜料色卡进行辅助矫正。另一方面，需要将复制时所需的主要石色，即最有可能产生色域外颜色的颜料制作成颜料色卡（图 2.47）。这种色卡使用真实的矿物颜料进行绘制，可以携带到保藏书画原件的库房中与书画原件进行比对，进而矫正数字影像产生的色域外颜色的问题。对于书画复制品的做旧也可以使用上述手段，从而确保临摹复制品与书画原件在色彩上的一致。

最后需要强调的是，书画保藏库房的观摩环境与书画临摹复制的工作空间都需要同样的标准光源。不同的光照条件有可能产生完全不同的色彩感觉，简单来说就是要避免同一颜色在书画保藏库房与临摹工作空间产生无法预知的色差。这种色差会严重扰乱书画原件与印制件、书画原件与颜料色卡之间的色差关系，会将复制人员引向不可知的迷途。

印章的复制与钤盖前文中已讨论过，这里不再赘述。以上针对书画人工临摹复制技术的改良，是根据目前图像采集、高精度印制、3D 打印等可应用的现有成熟技术提出的改良方案。相信随着各方面技术的不断发展，对人工临摹复制技术的改良还将进行下去，从而使这项古老的技艺继续焕发青春，继续在书画保护领域中发挥不可替代的重要作用。

第三章

复制的 "故人" 与 "故事"

诚如本书开篇所述，书画复制费时费力，称得上一项复杂且昂贵的活动。正因如此，历史上成规模的书画复制活动往往是倾国家之力才可以进行的。故宫博物院作为中国珍贵书画的汇聚之地，自然而然地成为书画复制的活跃之所。本章将梳理一下此间的"故人"与"故事"。

一、红色宫墙内的传移模写

南齐谢赫在《古画品录》中提出了著名的"六法论"。"夫画品者，盖众画之优劣也。图绘者，莫不明劝戒、著升沉，千载寂寥，披图可鉴。虽画有六法，罕能尽该。而自古及今，各善一节。六法者何？一、气韵生动是也；二、骨法用笔是也；三、应物象形是也；四、随类赋彩是也；五、经营位置是也；六、传移模写是也。"[①] 其中的传移模写，后世之人把它解读为对古代经典画作的临摹，进而向传统学习。

因为需要花费大量的人力与财力，历史上对前代书画作品成规模的复制大多是官方行为。宋代的翰林图画院集中了大量优秀的画家对前代书画进行复制。自从明代永乐帝迁都肇建紫禁城后，在这堵红色的宫墙里的传移模写就从未停止。明代虽未承袭宋制设立专门的"画院"，但仍组织画家为宫廷服务。入清以后，设"画作""如意馆""画院处"等机构组织画家服务宫廷。两岸故宫现藏的《清院本清明上河图》、王炳临《千里江山图》、清人画《弘历是一是二图》（图3.1）均是清代宫廷画家复制临摹绘画的实例。

辛亥革命之后，1914年10月，紫禁城外朝部分开设了古物陈列所，随后逐渐开放社会各界对清宫文物的利用事宜。1926年，杨令茀请求摹绘历代帝王像（图3.2）。1937年4月，古物陈列所开办国画研究室，聘请钱桐、黄宾虹、张大千、于非厂等任导师[②]，面向社会招收学员入宫临摹历代绘画作品。从1937年开办至1947年停办的10年间，古物陈列所国画研究馆共招收5期学员，共计266人，累计保存临摹作品3000余件。

---

① 谢赫：《古画品录》，清乾隆文渊阁四库全书钞两淮盐政采进本，第1页。
② 参见徐婉玲《古物陈列所国画研究馆开办始末》，《故宫博物院院刊》2014年05期，第16页。

图 3.1 清人画《弘历是一是二图》

图 3.2 杨令茀摹制历代
帝王像中的明成祖朱棣像

民国初期，上海地区集中了一批包括金仲鱼、郑竹友在内的书画临摹高手，所摹作品惟妙惟肖，几乎可以乱真。与此同时，北京、天津画坛也出现了一批绘画高手，其中包括"湖社画会"的陈林斋和著名女画家冯忠莲（陈少梅之妻）以及专门临摹书法印章的金禹民。

1960 年年初，故宫博物院成立文物修复工厂（现故宫文保科技部前身），聘请金仲鱼、郑竹友、冯忠莲、金禹民、陈林斋等人进入故宫博物院，临摹故宫博物院收藏的国宝级书画文物。他们临摹的作品包括冯忠莲摹张择端《清明上河图》、张萱《虢国夫人游春图》、金仲鱼摹展子虔《游春图》、赵佶《听琴图》、郭熙《窠石平远图》、崔白《寒雀图》，陈林斋摹顾闳中《韩熙载夜宴图》、胡瓌《卓歇图》，刘炳森摹马王堆出土西汉帛画，等等。故宫博物院将这些复制品按照与文物原件相同的保护要求进行收藏。

20 世纪七八十年代，其他图像复制技术仍不能满足高质量复制书画文物的需求，书画复制的主要手段仍然是人工临摹。在这一背景下，1979 年，故宫博物院向社会公开考试招聘了二十几位有志于从事书画复制的年轻人。在老先生们的悉心培养下，他们成为故宫博物院书画复制第二代的中坚力量（图

图 3.3　故宫博物院书画复制组 1979 年合影

图 3.4　故宫博物院书画复制组 2012 年合影

3.3），在随后的几十年中临摹复制了千余件书画作品。如今，在他们的教导下，故宫博物院第三代书画复制师的技艺已日益成熟。（图 3.4）

2011 年，故宫博物院的古书画人工临摹复制被列入第三批国家级非物质

图 3.5　古书画人工临摹复制被列入第三批国家级非物质文化遗产名录

文化遗产名录，从而获得了更多支持与保护。（图 3.5、图 3.6）与书画作伪的目的不同，故宫博物院进行书画复制主要是出于文物保护的目的。无论保藏手段多么发达，作为有机质文物的书画作品终究摆脱不了逐渐老化损坏直至消亡的命运。将院藏书画作品进行有计划的、及时的、高品质的复制，是被历史经验证明的最有效的书画保护方法，这项工作也将一直进行下去。

传承谱系 · The Inheritage Relationship

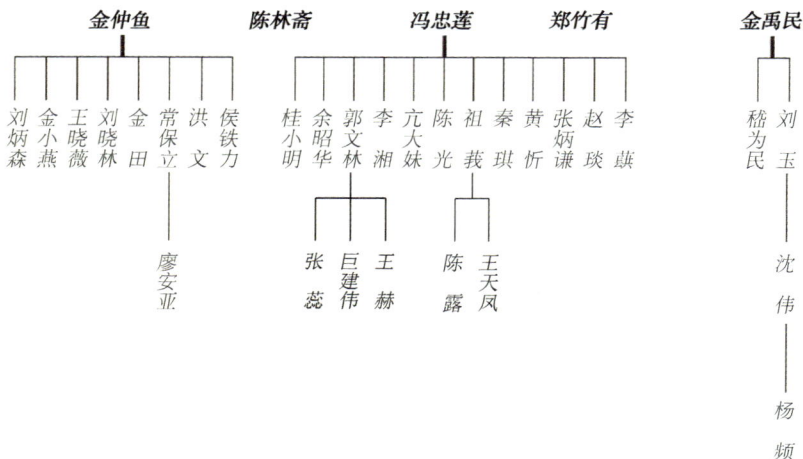

图 3.6　古书画临摹复制技艺传承谱系

　　由于书画原件的脆弱性，不适宜长时间对外展出。为实现故宫作为博物馆的宣传、展示、教育的功能，故宫博物院也会制作专门用于展览的书画复制品，例如为展期跨越数年的"宫阙述往"主题展制作纪昀书《御制喇嘛说册》、清高宗《经筵诗》、张居正《帝鉴图说》等一批展品的复制品，从而使文物原件得到保护的同时，使展览可以延续更长的时间，取得更广泛的社会影响。除此之外，应全国各地其他博物馆的委托，故宫博物院也复制了众多其他博物馆收藏的珍贵书画，例如为山东即墨博物馆复制国家一级文物宋金银书《妙法莲华经》，为新疆博物馆复制《唐人伏羲女娲像单页》等，为各地的书画保护工作尽了自己的一份绵薄之力。

　　随着科技的发展，可供书画复制利用的技术也在变得越发多样和先进，新的技术使更快速、更高精度地复制古代书画成为可能。故宫博物院的书画复制团队在 20 世纪 60 年代开始使用照相复制技术复制水墨写意绘画和书法作品。进入 21 世纪后，故宫博物院又建立起数字喷绘复制工作室，数字喷绘复制技术极大地提升了故宫博物院书画复制的品质，扩展了复制品的门类。从唐人绘画到明清书法，从文人笔墨到列朝宸翰，从金碧山水到水墨写意，从古籍碑帖到手札诏书，故宫博物院的书画复制涉及了中国书画的各种类型。在受益于技术进步所带来的发展的同时，故宫博物院的书画复制团队也意识到任何技术都不是万能的，任何技术都存在着各自的优缺点，存在着一定的适用范围。中国古代的书画艺术品是祖先们心与手完美结合的杰作，绝不是某种单一的技术手段可以轻易完美再现的。想要制作出形神兼备的书画复制品，需要读懂作品的神韵，并将不同的复制技术综合运用，方能获得最好的复制作品。如果说单纯的人工临摹复制是心与手的结合，那么传统技艺与科学技术相结合的书画综合复制技术则可以称为心、手、科技三者的完美融合。故宫博物院的书画复制，多年来一直探索着传统与科技相互结合的方式。一方面，复制师们一直致力于传承传统技法，锤炼自身功力。人工临摹复制书画技艺这项国家级的非物质文化遗产，将被很好地保护和传承。另一方面，无论是照相复制技术还是数字喷绘复制技术都是特定技术条件下的一种选择，专业的书画复制师会紧跟现代科技的发展趋势，本着锐意创新的精神，不断将新方法新技术应用到书画复制的工作中，两方面的工作并行不悖且相互辅助。人工与科技的巧妙结合，使造就品质极高的书画复制精品成为可能。故宫博物院的书画复制——这红色宫墙内的传移模写，将使承载着中华文明璀璨之光的书画艺术珍品得到很好的保护和传扬。

二、高手金仲鱼先生

故宫博物院的所有摹画师提起金仲鱼先生时从不会直呼其名，永远以"金先生"称呼。这似乎形成了一种传统，得蒙金先生亲传技艺的第二代书画复制师自不必说，就连与先生未曾谋面的第三代复制师们也都会如此称呼他，以此表达对先生的景仰。

金仲鱼，江苏省扬州市人，1922 年 3 月出生，故宫博物院研究馆员，书画临摹复制专家。（图 3.7）金先生出生于扬州的一个著名国画世家，自幼随父亲学画，13 岁时创作的《前后赤壁》轰动了上海一届画展，被誉为"十三龄童"。15 岁起，除落本款创作国画、年画外，他还经常为一些收藏家修

补、临摹、复制历代古画。1937年
至1954年，金先生在上海从事国画、
年画创作及临摹中国古代绘画与古
画残缺接笔工作。这期间的创作和
临摹经历为他在书画复制方面积累
了极为丰富的经验。1954年至1960
年，金先生任上海水产学院海洋渔
业研究室技术员，因其在书画临摹
复制领域的高超技艺，1960年应文
化部聘请调入故宫博物院，专门从
事中国古代绘画的临摹复制及研究
工作。1987年1月，金先生被聘任
为研究馆员。

图3.7　金仲鱼先生

　　故宫博物院拥有大量的中国古代书画精品，随着文博事业的发展，这些
珍贵藏品的保护与利用需求与日俱增。但书画文物属于脆弱的有机质文物，
历史上对它们最好的保护利用方式就是通过临摹复制制作副本。现存的很多
所谓唐代书画实际上就是宋代画院组织画师临摹的复制品。也正因如此，今
人才能看到这些艺术瑰宝。金仲鱼先生进入故宫博物院时，正值文物修复工

图3.8　（宋）赵士雷《湘乡小景》卷，故宫博物院藏

厂（现故宫文保科技部前身）建立摹画室。他高超的临摹复制技艺与对中国古代书画的深刻理解为刚刚成立的摹画室带来了强大的助力，进而开创了故宫博物院书画临摹复制工作的全新局面。

摹画室的日常工作之一是对装裱后的书画作品进行接笔、全色。经过重新装裱后的古代书画会不同程度地出现画面缺损的现象，特别是一些破损严重的书画文物，这种现象更加明显。对这些文物的接笔、全色也就是对书画"补画意"。金仲鱼先生做这项工作可谓技艺非凡。他为故宫博物院残缺的古画接笔补全20余幅，其中最具代表性的是接笔宋代赵士雷《湘乡小景》卷（图3.8）。齐白石《水墨紫藤》原作破旧残缺三分之一多，经他修复后，修补之处与原画完全融为一体，如同出自画家本人之手，完整地再现了原画的本来面目，令人称绝。

金先生在摹画实践中，能根据古代书画不同的时代特点、收藏时间、收藏方法，分别采取不同的技巧进行临摹做旧，可使复制品呈现出不同时代作品的相应特点。在临摹复制品初次完成后，他会将画面托好命纸，待彻底干燥后却不进行装裱，而是将托好的命纸再次揭去。随着命纸的揭除，画面颜色会出现减淡与脱落的情况。随后再次托裱，因前一次揭裱造成的缺损之处会使用"全色"的方法"全"出来，即用较秃的毛笔，蘸与原画色泽相同但稍浅的旧色（以墨、花青、藤黄、赭石等颜色调配），使用点笔法，由点成

面、缓慢地将缺损部分"全"出来。全好的画面再次揭去命纸，根据原画作的情况需要将上述过程反复数次。金先生使用的这种做旧方式实际上是在模拟历史上的书画名作在流传过程中反复修复、装裱的过程。做旧正是将这延续数百年甚至上千年的老化过程压缩在极短的时间里呈现出来。金先生在故宫博物院期间临摹复制了隋代展子虔《游春图》（该复制案例可参见本书第五章第一节），唐代阎立本《步辇图》、周昉《挥扇仕女图》、宋代任仁发《二马图》、赵佶《听琴图》《芙蓉锦鸡图》《写生珍禽图》、郭熙《窠石平远图》，明代唐寅《孟蜀宫伎图》等珍贵的国宝级绘画作品。这些人工临摹复制精品被视为杰作，常被用以替代文物原件进行陈列展览，为书画文物的有效保存与利用做出了重大贡献。其中部分作品曾被选送文化部主办的科技成果展参展，并在美国、日本、中国香港、中国澳门等国家和地区展出。

金仲鱼先生对中国工笔重彩画有很深的研究，在国画创作上也卓有成效，他发表过许多国画、年画作品。20世纪70年代之后，他以教授临摹复制技艺，培养临摹复制接班人为主要工作。经他培养的十几位书画临摹复制师均成为故宫博物院书画临摹复制的中坚力量，他们在其后的几十年里为故宫博物院制作了数百件高质量的人工临摹复制品。

金先生把自己的全部精力和智慧都倾注于他所挚爱的书画临摹复制工作，对祖国的文博事业无限热爱，并为之献出了毕生心血。1994年11月，先生因病逝世。

金先生是中华人民共和国成立后故宫博物院书画复制事业的开创者，他关于书画复制的很多理念与技法一直深刻地影响着故宫博物院书画的临摹复制工作。如果说古物陈列所时期的国画研究馆更加侧重传统中国画技法的教学传承的话，那么金先生则是着眼于将临摹复制作为书画文物保护的最重要手段的倡导者与实践者。他留下的关于书画临摹复制技术的观念与方法使后辈书画复制师受益匪浅。

三、冯忠莲先生与《清明上河图》

冯忠莲是名女先生，广东顺德人，1918 年 9 月 14 日生于天津。与金先生一样，大家从来都满怀敬意地称她"冯先生"。（图 3.9）

冯先生幼年入天津圣功小学，继入圣功中学读书。1936 年，冯先生在河北女子师范学院国文系就读。随着抗日战争的全面爆发，学校在日军的炮火下成为废墟，中断学业的冯先生却以此为契机走上了绘画之路。

当时，陈少梅在天津教授绘画。此时的陈少梅有"当代唐伯虎"之称，已是名满天下。其与张大千、溥心畬、齐白石并称"民国四大画家"。冯先生拜陈少梅为师，潜心学习绘画。其间有一则逸事，据说在冯先生习画一段时间后，她所临摹陈少梅的作品竟

图 3.9 冯忠莲先生

让老师本人一时无从分辨真赝。这则逸事或许预示着冯先生的天分将在日后的书画复制事业中得以展现。在陈少梅的教导下，1938 年，冯先生以天津前三名的优异成绩考入北京辅仁大学美术系。当时的辅仁大学美术系的教师，皆为一时之选：浦松窗教山水、汪慎生授花鸟、陈缘督剖人物，启功讲述中国美术史，溥雪斋更亲登教坛，金针度人。系统而扎实的训练，开明而活泼的风气，令冯先生的绘画技艺日益精进。

据说有一日，溥心畬先生拿着一张作品气喘吁吁地跑到教室，连声追问谁是冯忠莲。正在埋头读书的冯先生不明就里，满颊羞红地站起来，不安地看着老师。而溥先生顾不上照顾女弟子的羞涩，一个劲儿兴奋地说："你的唐人小楷写得实在太好了！"凭借自身的天资与勤奋，冯先生在校期间屡获表彰，并有辅仁大学美术系"女状元"之称。1941 年毕业后，冯先生与陈

少梅结为伉俪。她的作品《江南春》《涛声》，参加了全国第一、二届美展，获得了当时画坛的关注。

1953年，冯先生应荣宝斋之邀，到辽宁临摹《虢国夫人游春图》（该复制案例可参见本书第五章第一节）。这成为冯先生临摹事业的开始。在静谧的辽宁省博物馆里，她为吃透作品的时代风格，反复查找资料。她还仔细研究了此画的用笔技法，画家的构想意图，并将原画人物的神情举止、衣饰马匹都融入胸中，最后她才拈笔细临，一气呵成。因原画较大，无法坐着画，她只能站着或趴在桌上画，每每一天下来，累得腰酸背疼，双眼发胀。经过不懈的努力，她完成了生平第一幅名画临摹作品。更令人欣喜的是，她以深厚的功底、高超的技艺，形神兼备地再现了原画的精髓，顺利地通过专家鉴定，并得到高度评价。时任辽宁省博物馆文物馆馆长的杨仁恺先生对此称道不已。随后几年，冯先生又临摹了仇英的《白马如风疾》、蓝瑛的《山水》、清代袁耀的《万松叠翠园》以及《宋人册页》等一批作品。

1960年，故宫博物院成立了书画临摹组，冯先生从荣宝斋调入故宫博物院进行书画临摹复制工作。1962年，故宫博物院决定对北宋画家张择端的《清明上河图》进行复制。这件作品长528厘米，高24.8厘米，绘制了清明时节北宋首都东京汴梁的繁荣景象。画面中无论是农家景象、巨船小舟、摊贩行人、行夫船工、酒肆饭店、垂柳小驴，甚至大船的钉子、小贩的席纹都刻画精妙，历历可见。六百多个人物，神态各异，描绘传神。冯先生凭借其高超的临摹能力，获得了临摹复制这件作品的机会。她全情投入，认真审视、分析原作中的每个细节，然后才拈毫临摹。她原打算用四年时间完成作品的临摹复制，但只临摹了一年多，便被派到河南搞"四清"。紧接着"文化大革命"开始，她又从宁静的故宫博物院被遣往满目黄土的干校。

对于一个精力与技巧正处于巅峰的摹画师而言，不能拿画笔，不能去临摹作品是一种巨大的折磨。在那些岁月里，冯先生的焦灼如万蚁钻心。更令她惦记的，是那静静地躺在故宫博物院深处，曾与她朝夕相对了一年多的《清明上河图》。

1972年，她从湖北丹江文化部五七干校调出，重拾画笔，并与陈林斋一起临摹长沙马王堆一号墓西汉帛画。1976年，冯先生终于获准继续临摹《清明上河图》，她激动得夜不能寐。此时的冯先生已届花甲之年，长年的劳累使她患有高血压、眼底血管硬化等疾病，不过疾病的折磨无法削弱她完成巨作的决心。由于已经历了十个春秋，未完成的复制品的丝绢、色彩都已发生了一些变化，再加上冯先生的精力已大不如前，想要重新找到之前的临摹状态，并与已摹完部分完美接驳殊为不易。家人怕她吃不消，劝她不要勉强，可她说："我能临摹的时间不多了，要抢时间，完成了《清明上河图》死也无憾。"1980年9月，《清明上河图》临摹本终于完成，前后共历时18年。（该复制案例可参见本书第五章第一节）这件复制品与《清明上河图》文物原件保管在同一间文物库房中，享受着与文物原件完全相同的保藏待遇。

在进行临摹工作的同时，冯先生也将更多的精力投入到对年轻一代临摹师的培养当中，并将自己多年的临摹复制经验汇集成书，撰写成《古书画副本临摹制技法》一书。时至今日，这本书仍然是学习传统的书画临摹复制技法的必读书。

老舍夫人胡絜青曾感慨地对冯先生说："你的功劳是一般人比不了的，本来可以搞创作，可你却心甘情愿地搞临摹，你的工作多么重要啊，你才是无名英雄啊！"

四、复制师与装裱师

中国书画自古便有"三分画，七分裱"的说法，装裱对于书画作品的重要意义可见一斑。中国的书画作品完成绘制或书写时并不是作品的完成之时，作品能否展现出应有的艺术价值此时并不确定，需要经过精心的装裱才能最终完成并完整地展现作品的全部风貌。

无论绢本还是纸本书画，由于色、墨、水的反复渲染，作品完成之时多会呈现出褶皱和不平整的状态，只有在纸绢背面托合宣纸才能使画面平整如板，使其焕发神采。对于绢本书画托合宣纸可以使丝绢纤维稳固，避免变形。这道工序被称为"托画心"，是书画装裱中最基础、最重要的工序。人们也将画心的托纸称为"命纸",可见这道工序对于书画作品来说可谓性命攸关。

正因如此,历史上很多书画名家都有自己熟识和信任的装裱师,唯有如此,书画家才能将作品放心地交给装裱师进行装裱。对于书画复制师来说,与装裱师的关系是相互配合相互辅助的关系,与书画家比起来,这种亲密关系犹有过之。装裱师可以将书画复制品按照原件品式进行装裱,全面还原书画作品的原有风貌。可以说,复制品最终能达到逼真的程度,装裱师的技术发挥着巨大的作用。此外,装裱师还可为书画复制品的做旧提供协助。

故宫博物院装裱组原组长徐建华先生仍然记得帮金仲鱼先生做旧的场景。如今故宫博物院装裱修复专家中资格最老最权威的徐老师那时候还是"小徐"。"小徐,你帮我冲水。慢慢冲,我笔到哪儿你水就跟到哪儿。"金先生这样指挥着。"金先生让我将摹好的画面贴到板子上用热水冲,然后他就用毛笔在这儿擦几下在那儿又擦几下。等颜色脱落得差不多了他再用干笔进行'全色'。""有时候刚托好的画面就让我把'命纸'揭了,之后再重新托心,有时候要反复好几遍,直到他满意为止。"

图 3.10　书画复制师对作品进行"接笔""全色"

　　徐建华先生回忆的这些细节，正是装裱师协助书画复制师使用"水冲法"对书画复制品进行做旧的实例。至于反复揭取"命纸"的目的则是利用每次命纸被揭掉都会使一部分颜色随纸脱落的现象，以此来模拟书画作品在历史上经过反复装裱而形成的状态，达到做旧的目的。

　　相应地，复制师也可为装裱师提供帮助，特别是对古代书画的接笔与全色方面。一些比较残破的书画作品经过修复后会产生画面的缺失，复制师由于复制工作的长期训练，对画面缺失部分有着敏锐的观察力与精准的把握能力，可以高水准地修复画面缺失的部分，使书画获得最佳的修复效果。故宫博物院的书画装裱修复组曾经修复了一件 4.46 米高、2.82 米宽的巨幅《蒋懋德画山水贴落》，由于画面缺失部分多，书画复制师们全员出动配合装裱师对缺失画意进行"接笔""全色"，最终使整幅画面恢复如初。（图 3.10）

　　在全新的数字复制领域，复制师与装裱师同样有着巨大的合作空间。为获得逼真的复制效果，复制师需要在宣纸、画绢、皮纸、竹纸、花绫等各类材料上进行喷绘复制。这些材料都无法直接送入数字喷绘机中进行喷绘输出，需要装裱师进行托裱、剪裁使材料适应喷绘机的送纸机构以完成喷绘输出。相应的数字喷绘可以准确地还原书画装裱材料的准确色彩，并精确再现出水渍、霉迹等细节信息，这些喷绘复制的材料可以为书画装裱修复提供优质的补配材料，为高品质地完成各类书画修复提供保障。以上手法的操作方式，将在"书画复制案例解析"一章中进行详细讨论。

第四章

技术复制品的鉴别

自从书画具备了商品的属性，便出现真赝的鉴别需求。书画的鉴别之法古已有之，徐邦达先生在《古书画鉴定概论》中指出："鉴别古书画主要在于对实物的'目鉴'，即凭视觉观察并识别某一类作品的艺术表现的特征。"[1]这种方法即是历史上对古代书画作品进行鉴别的主要方法。这种鉴定方法是基于书画赝品的生产方式而产生和发展的，所谓"以子之矛，攻子之盾"。

历史上，书画赝品的制造离不开摹、临、仿、造几种主要方式。几种方式的区别在本书第一章已经论及。无论是哪种方式，历史上的书画作伪均表现为一种纯人工的复制方式，即以人工临摹为主的复制方式。鉴于传统书画鉴定领域的著作可谓汗牛充栋，对此不再赘述，本章仅讨论人工临摹之外的书画复制品的鉴别。为指代方便，下文将除人工临摹复制之外的书画复制技术统称为"技术复制"，将使用这些技术制作的复制品称为"技术复制品"。

一、技术复制带来的新挑战

在信息传播受限的时代，以纯人工方式制作的赝品往往可以瞒天过海，甚至有些被皇家纳入宫廷收藏，奉为上品。受限于人工临摹复制的精度限制，历史上的伪作与原作之间的画面细节往往存在着或多或少的差异。这些差异为"目鉴"提供了可能性，有经验的鉴定专家往往可以通过用笔、用墨、用色、构图等要素判断作品真赝。

但随着时代的发展，特别是人类社会进入工业时代之后，多种科学技术被应用到书画复制的活动当中。科技改变了传统的纯粹依靠人工的书画复制方式，出现了珂罗版、木版水印、照相复制、胶版印刷、数字喷绘等多种技术复制方式。以这些方式制作出的复制品在图像的准确性方面比纯粹依靠人工的复制方式有了巨大的提升，这导致传统"目鉴"的书画鉴别方法受到了前所未有的新挑战。多种技术复制方式相较于传统的人工临摹复制方式有着更高的效率和准确性，因此也被更广泛地应用到各类书画展览、保护与研究

---

[1] 徐邦达：《古书画鉴定概论》，紫禁城出版社 2005 年版，第 4 页。

领域。在这种时代背景下，如何准确地辨别逼真的书画技术复制品，成为博物馆、研究机构与收藏者必须正视的问题。唯有掌握对技术复制品的鉴别方法，才能使其在书画的收藏、展示、保护、研究领域发挥出积极作用。

下文中讨论的书画技术复制，是相对于传统的纯手工复制而言的。纯手工复制指的是使用毛笔与传统绘画颜料在纸张或丝绢上，以与书画原作同样的绘制或书写方式复制书画的工作方式。技术复制则以某种特定的技术手段不同程度地替代人工，对书画原作进行复制。虽然特定技术的使用会极大地提升书画复制品相对于原作的准确性，甚至在用笔、用墨、用色、构图等方面几乎使传统"目鉴"方法失效；但是特定的技术手段也会带有属于自身的、不可磨灭的细节特征，这些特征也是可以被人们的视觉与触觉感受到的，只是相对于传统的鉴定指标更加微观，也需要一些工具进行辅助。本书在第二章中详细论述了各种复制技术原理及工序，本章将从复制原理、复制材料与复制品的图像细节三个角度分别对珂罗版、木版水印、照相复制、印刷复制、数字喷绘五种主要的书画技术复制手段进行梳理，并提出相应的鉴别方法。

二、珂罗版复制品的鉴别

本书第二章第二节中论及的珂罗版的基本原理和工艺流程为我们鉴别珂罗版制作的书画复制品提供了线索与依据。具体的鉴别可从材料、色彩与图像细节几个方面着手进行鉴别。材料方面可以分别从油墨与承印物两个方面进行鉴别。珂罗版使用的是一种硬质油墨，使用时需要加入猪油进行调配，印刷出的图文也普遍带有油墨的光泽，这与中国书画使用的矿物、植物颜料是有区别的。在一些使用红外光谱对珂罗版油墨进行的检测中显示，珂罗版墨迹含有甘油、蓖麻油等脂类物质，[①]它们产生的光泽与墨汁的光泽颇为相似，这也是珂罗版比较适合复制书法作品的原因，需要仔细鉴别。珂罗版的一大优势是可以在宣纸、丝绢上直接印制，在承印物方面可与书画原件保持一致，

---

① 参见徐文娟、奚传臻、褚昊等《珂罗版印刷与传统书写墨迹的比较研究》，《文物保护与考古科学》2018年第4期，第82页。

如果复制的是古代书画，可以从材料是否与其时代特征相符进行鉴别，但如果复制的是近现代作品则难以分辨，需要从其他角度进行鉴别。

前文已经论及珂罗版印刷是通过压力将印版上的油墨转印到承印物上，转印到承印物上的油墨颜料层在放大观察下并不均匀，印制出的图像会呈现出一种颗粒状的细节痕迹，这种痕迹可以作为鉴别珂罗版复制件的重要依据。（图 4.1）在另一案例中，珂罗版复制出的单色印章也有着相同的颗粒状痕迹。

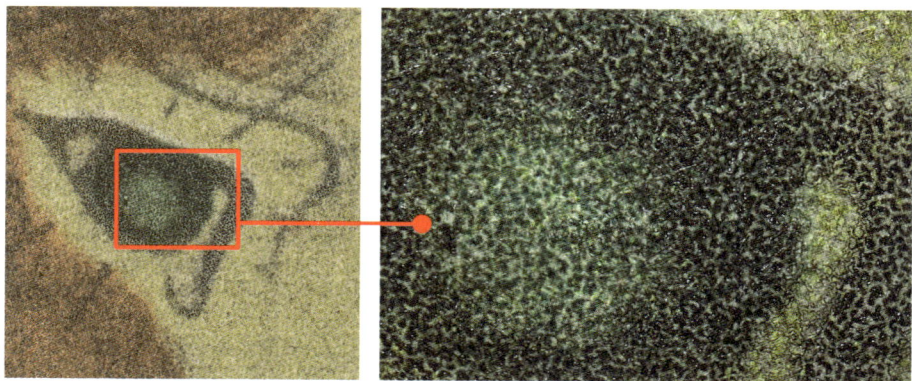

图 4.1　油墨的颗粒状细节

图 4.2　珂罗版复制出的单色印章，放大后也存在颗粒状痕迹

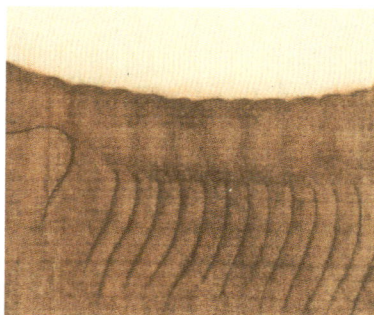

图 4.3　色调过渡不连续

图 4.4　套印色彩位移

图 4.5　文字连笔处不够自然

（图 4.2）对于色彩丰富复杂的图文则需使用数块印版进行套印。这种套印势必造成色彩之间的不连续，这一特征在色彩过渡丰富的部分尤为明显，（图 4.3）在进行多色套印时，虽然会使用十字线打孔的方式确保套印的准确性，但随着套印复杂程度的提高，套印的准确性势必会随之降低。注意观察画面是否存在某些颜色发生位移，也可以作为识别是否为珂罗版复制件的依据。（图 4.4）除此之外，鉴别珂罗版复制件还可以从画面图文的图像细节入手。由于珂罗版制作过程中修版环节是完全依赖手工方式完成的，无论是使用墨汁、红药水对底片进行遮盖，还是使用修版刀对底片药膜进行刮擦，都极度依赖修版师的经验与技术手法。纯人工的修版精度是有限的，无论修版师经验多么丰富，如果仔细观察还是可以发现其中的瑕疵与不自然之处，这在传统的纯手工复制中已经得到充分体现。（图 4.5）珂罗版印刷是通过压力将油墨从印版转印到承印物上。珂罗版技师会追求只将油墨转移到承印物表层而不渗入承印物纤维内部，以确保印出的图文达到光亮有厚度的视觉效果。针对这个工艺特点，我们可以借助一些放大显微设备，如 10—30 倍的放大镜进行鉴别。经过放大可以观察到图像表面油墨与纤维的微观细节。如果对比用墨绘制的图像，可以发现，墨汁的黑色已经渗入纸张的纤维内部，而珂罗版复制件的油墨则大多附着于表层纤维，内部纤维依然是纸张的原本颜色。（图 4.6）

图 4.6　珂罗版油墨（左）与墨汁（右）在纸张纤维中渗入程度不同

三、木版水印复制品的鉴别

　　木版水印复制技艺最初是以复制近现代纸本写意作品为目标的，20世纪50年代，利用木版水印复制技术复制了大量徐悲鸿、齐白石的纸本写意作品，取得了很好的复制效果。这类作品大多具有画面色彩较为简单，使用颜料以墨与水色为主，造型以水墨晕散的写意为主要表现形式，多绘制在生宣纸或半熟宣纸上几个主要特点。（图4.7）这与木版水印更擅长印制水色颜料的特点和尽可能少地分版的制作原则相适应。虽然经过不断的技术研发，木版水印也可以制作使用石色颜料、色彩更加复杂的绢本工笔重彩作品，如《韩熙载夜宴图》《虢国夫人游春图》《秋涉图》等。但这种案例更多的是在展示木版水印可以达到的工艺高度，因其制作难度大成本高，高水平的绢本重彩水印作品数量很少，并不能形成主流。在对作品进行鉴别时，我们应更加注意纸本写意题材的水印复制品鉴别。

　　对纸本写意木版水印复制品的鉴别，可以从其三个主要制作工序入手：首先，木版水印的勾描本质上是对原作的人工分色分版。为了尽可能使用较少的印版再现作品原貌，分版时势必要对画面中的一些细节色彩进行提炼省略。这会造成最终的水印复制品相对于原作色相种类更加单纯简略，不同颜色间的

图 4.7　木版水印复制的齐白石写意作品

过渡也会略显生硬。(图 4.8)
对于原作色彩比较丰富的作
品可以从这个角度进行鉴
别。但复制者也会刻意选择
色彩较少的作品制作水印复
制品，以此规避这一问题。

　　对于色彩很少甚至纯粹
的水墨作品，可以从刻板与
印制两方面辨别其是否为木
版水印复制品。对于一些书
法的渴笔、飞白处或绘画的

图 4.8　木版水印的人工分色会造成不同颜色间的过渡
略显生硬

皴笔，尽管刻版时会使用多种刀法使其尽可能自然，但如果仔细分辨，在这
些位置上通常还是可以观察到不自然或板滞的图像细节（图 4.9）。通过对印
版进行揸色，虽然可以产生浓淡或色相的自然过渡，但这种变化必须符合画
理、画法才能显得自然；水分的控制也必须得当，稍有不慎就会造成水色的
异常流动和浸串。对于鉴别者来说，可以着重判断这些色彩的过渡是否自然，
以及是否符合绘画的笔法。

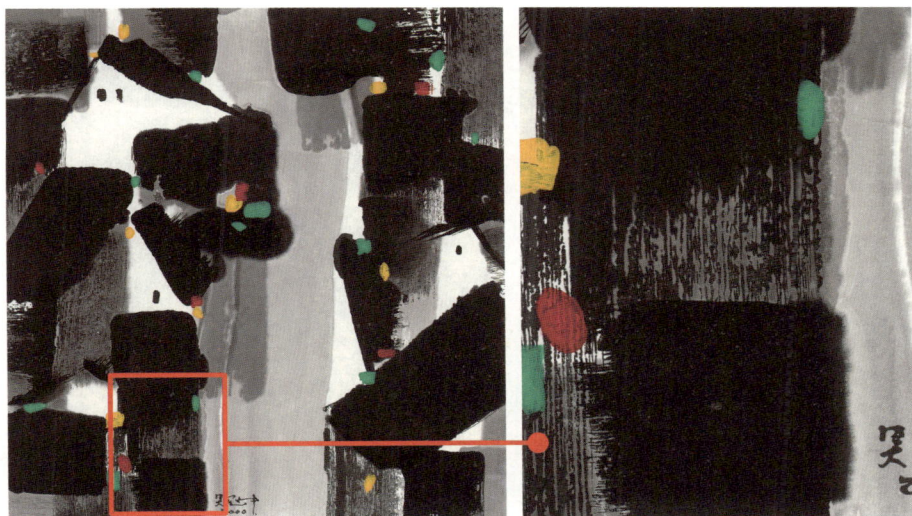

图 4.9　木版水印复制的吴冠中作品飞白细节稍显板滞

四、照相复制品的鉴别

由于照相复制技术工艺烦琐，再加上只能制作黑白图像，画面着色需熟练的摹画师另外进行，因此制约了照相复制技术的普及。目前来看，私人收藏的照相复制品很少，主要集中在博物馆当中，特别是故宫博物院。故宫博物院从 20 世纪 60 年代开始采用照相复制技术复制写意绘画和书法作品，因而集中了一批照相复制精品。但随着印刷技术，特别是数字喷绘技术的发展，故宫博物院在 20 世纪 90 年代逐渐停止了使用照相复制技术制作书画复制品。如今看来，受到当时技术条件的限制，照相复制技术制作的书画复制品还是带有一些鲜明的特征，这些特征为照相复制品的鉴别提供了依据。

首先，照相复制拍摄的底片需要进行人工修版，这势必会产生一些难以避免的瑕疵，这与珂罗版复制技术是类似的。对画面细节的鉴别方法可以参考"珂罗版复制品的鉴别"一节。其次，照相复制印相使用的感光宣纸、丝绢表面涂布有感光乳剂图层，这种图层触摸起来会有一种滑腻感，这种触感与书画原件有很大区别。感光乳剂图层也会改变宣纸、丝绢的厚度与吸水性，这导致在照相复制品装裱后画心与裱工产生不同的应力。这种应力差异外在表现为装裱后的照相复制品产生拱形卷曲（多发生在立轴作品上）或边缘波浪状卷曲（多发生在手卷作品上）。感光乳剂层也会干扰后期的人工着色，后期绘制的色彩会浮在乳剂层之上，给人一种不自然的感觉。最后，照相复制品中的黑白灰过渡色调是连续的，不存在网点或色调分离的情况，这与普通黑白照片一致。这个特征可以作为照相复制品与其他技术复制品之间的显著差异。

五、印刷复制品的鉴别

在数字喷绘复制技术普及之前，传统印刷制作的书画复制品数量不少，日本二玄社是其中的佼佼者。通常印刷采用青、品红、黄、黑四色印版模拟各种色彩，二玄社通过增加印版颜色数量优化印刷工艺，进一步提升了书画印刷复制品的质量。即便到了今日，二玄社制作的高质量印刷复制品仍被很多人争相收藏。

　　不过复制技术演进日新月异，以当今复制技术达到的水准重新审视，印刷复制技术仍然显得落后。对印刷复制品的鉴别标准比较明确，主要是识别画面图文是否存在印刷网点。无论传统印刷工艺如何优化，其基本的印刷原理不会改变。借助一些简单的放大设备，可以更加明确地辨别网点的存在与否。除此之外，大型工业印刷机所使用的承印物一般也不同于书画原件常用的宣纸、丝绢，因此可从承印物材料质感上进行辅助辨别。印刷复制品具有很高的图像准确性与色彩还原度，但决定书画复制品逼真程度的因素绝不仅仅是图像细节的准确与否，这一观点在本书第二章第七节中有详细讨论。印刷复制品材料的质感特征与书画原件差距较大，这就导致相较于其他类型的复制品，印刷复制品反而最容易鉴别。

六、数字喷绘复制品的鉴别

　　本书第二章第六节对数字喷绘复制技术进行了讨论，基于这种技术制作的数字喷绘复制品，如果仅从图像准确性角度衡量，其与书画原件可以说是完全一致。对于以水墨晕散为表现手法的写意绘画、色彩淡雅的浅绛山水以及风格多变的各类书法作品，数字喷绘复制的优势都极为明显。[①] 对这类复制品的鉴别可以从图像细节的锐度、颜料质感与承印物材料几方面着手进行。由于数字喷绘复制件的图像准确性极高，对其进行鉴别时需确保没有玻璃之类的覆盖物以及足够近的观察距离。10—20厘米是比较理想的观察距离，可以对图像细节和质感细节进行准确判断。

　　目前的数字喷绘墨水虽然已经发展到11色甚至更多色彩，但原理上仍然属于一种色彩的空间混合，即喷绘机打印头喷嘴喷出多种颜色的微小墨滴（每滴墨水大概为3—4微微升）排列在一起模拟出各种颜色。（图4.10）基于这一原理，喷绘复制件的图像锐度不及原件，在与原件进行直接对比时尤为明显。

---

① 参见王赫《数字技术与人工临摹相结合的古书画复制刍议》，《故宫博物院院刊》2019年11期，第102页。

（图 4.11）在放大镜设备辅助下，我们可以在色彩交界处更清楚地观察到这种现象。（图 4.12）

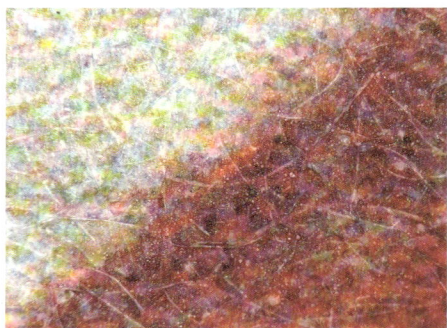

图 4.10　数字喷绘复制件放大后可以观察到彩色的墨滴

此外，颜料质感也是鉴别数字喷绘复制品的重要依据。所谓颜料质感，指的是书画原件中使用的石青、石绿、朱砂等矿物质颜料所具有的质感。这些颜料都是将特定矿物研磨成粉，加胶分数次绘制在画面上的，这种绘画方式会形成具有一定厚度的颜料层。（图 4.13）书画

图 4.11　喷绘复制件（左）与原件（右）图像锐度对比

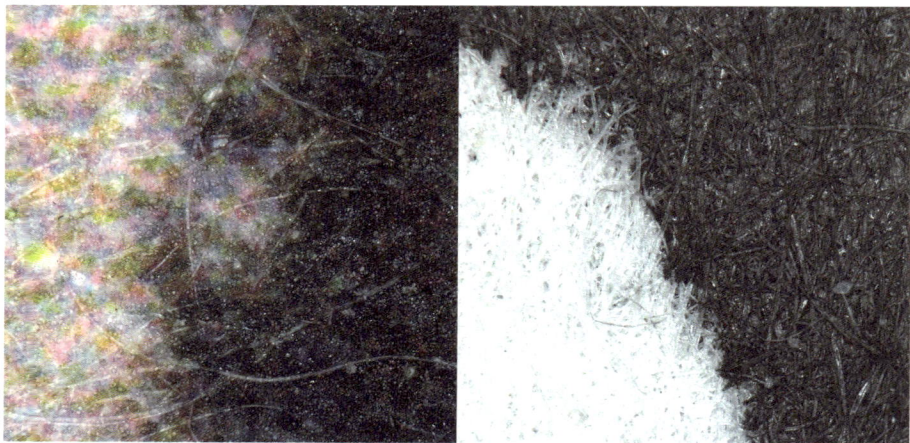

　图 4.12　数字喷绘件（左）较人工绘制件（右）黑色边缘模糊

中钤印所用的印泥中就包含有朱砂、艾绒、蓖麻油等成分。钤印后也会产生特有的颜料质感，这种质感也是数字喷绘难以再现的。在视觉感受上，数字喷绘复制件也会显得缺少微妙的层次感。无论数字喷绘使用宣纸还是丝绢作为承印材料，为使其具有更广的色域范围，

图 4.13 石色颜料层

并更好地适应喷绘需求，这些材料大多经过了漂白与涂层涂布处理。经过处理的材料与原本的宣纸、丝绢会失去应有质感表现。（可参考图 2.33）

相对于有着上千年历史的纯人工方式制作的书画复制品，技术复制品的历史还十分短暂。但随着科学技术的日新月异，书画技术复制手段还在不断创新迭代。新技术使复制品越发逼真，只有保有持续学习的能力才能对其进行准确的鉴别。这是所有与之有关的从业者和爱好者需要面对的现实。本章梳理了五种典型的技术复制手段及其鉴别方法，需要说明的是，这些鉴别方法是针对这五种技术复制手段单独使用为前提的。对于一些将多种技术复制手段，乃至人工复制与技术复制相结合的综合复制方式可参见本书第二章第七节"书画综合复制技术"中的内容。但无论采用何种综合复制方式，对典型复制技术的透彻理解，都可以提供人们面对更加复杂情形时的线索与判断依据。

七、关于书画复制品的思考

随着技术的发展，进行书画复制的门槛不再像以往那样高不可攀，因此书画复制品也开始在市场上大量出现。其中的参与者包括博物馆、拍卖公司、印刷企业、各类文化礼品公司等，甚至一些艺术家个人以及掌握相关技术知识的人都参与其中。一方面，众多的参与者确实丰富了书画复制品的类型，活跃了书画艺术品市场；但另一方面，也造成行业内鱼龙混杂、书画复制品良莠不齐的情况。

人们如何看待书画复制品，是决定其能否健康发展的根本力量。在现当代艺术领域，以艺术机构及艺术家为代表的艺术从业者，一直在倡导书画复制品的"艺术品"属性，将其视为有价值的收藏品进行推广。各种类型的书画复制品以限量版画的形式，不断出现在一、二级艺术市场上。与此同时，国内消费者与收藏者们，对书画复制品仍然显得顾虑重重。一方面，受传统观念的影响，收藏者通常认为可复制的就是没有价值的，甚至将书画复制品不加辨别地等同于普通印刷品。这种倾向在具有相似性质的摄影艺术品领域也同样明显。另一方面，一部分书画复制品的制作机构与艺术家未能尽到严格限定复制品版数、确保复制品质量的义务，导致人们对书画复制品的信任度丧失。

在公立收藏机构中，由于运营的压力，许多机构会将古代书画藏品视作垄断资源，从而将所藏古书画复制权的出售视为一种重要的资金来源。如此一来，只有少数企业才能取得复制授权，而高价取得复制权后，它们往往会将古书画复制品包装成可以大幅升值的"准古董"高价销售。而实际上这些古书画复制品无法像当代艺术领域的限量版画一样获得艺术家的授权与背书，大多无法实现销售宣传中的升值预期，这也造成了人们对这类书画复制品的负面印象。另一方面，一些未取得收藏机构授权的企业和个人以低成本的方式粗制滥造，导致市面上充斥着大量拙劣的古书画复制品。这些复制品对于不熟悉经典古书画的大众来说无异于一种严重的误导。对于中国书画艺术的传播与发展造成巨大的负面影响。

对于当代艺术范畴内，具有限量版画属性的书画复制品，从业者必须意识到赢得消费者与收藏者信任的重要性，声誉上的任何瑕疵都将对这个行业造成致命的伤害。对于国内的收藏机构，特别是具有公益属性的博物馆，应当以更开放平和的心态对待书画藏品的复制授权，特别是对于经典的古书画藏品，应尽可能避免复制品被冠以"限量"的噱头，应将其视为一种普及性的文化消费品，在取得合理经营性收入的同时，让更多的人可以近距离地感受经典中国书画作品，使公众从中受益。想实现这一理想，仍需很多人为此付出努力。

第五章

书画复制案例解析

本书的前几章分别从书画复制的起源与发展、复制技术的种类及特点、不同种类复制品的鉴别几个角度对书画复制技术进行了较为系统的梳理，但这仍是不够的。书画复制技术的应用具有很强的实践性，复制不同书画作品时，具体做法也会根据实际情况灵活地做出相应调整。仅仅了解相关理论如同隔靴搔痒，是无法真正切实掌握其间的技术细节的。为此，本章将结合具体的书画复制案例，讨论复制过程中的实际情况，以此为前几章的论述提供翔实的案例支持。

需要说明的是，本章将主要分析人工临摹复制技术、照相复制技术、数字喷绘复制技术以及综合复制技术四种类型的书画复制案例。选择这些案例进行分析，是基于这些案例一部分是作者本人参与复制制作的，另一部分则是作者近距离观摩过的，因此对这些案例的分析可以做到尽可能翔实可靠。至于未涉及的珂罗版、木版水印等其他复制案例，读者可参考本书注释中相应的其他研究者与从业者的研究成果。

一、人工临摹复制案例

人工临摹复制的基本流程为读画、矾绢（或矾纸）、勾稿、过稿、着色、做旧、摹款、钤印八个主要步骤。每个步骤在本书的第二章第一节中都有论述，本节将不再对具有共性的复制流程进行赘述，而是结合每个案例的特点与独特的复制细节进行分析。

（一）展子虔《游春图》

展子虔生活年代大致为北齐、北周、隋时期，入隋后曾任朝散大夫、帐内都督等官职。《游春图》一直被认为是其传世作品。后也有人主张现存的《游春图》并非隋代原作，其底本绘制于中晚唐以后，摹本则绘于五代、宋时期。不管争论如何，《游春图》一改此前"人大于山，水不容泛"的绘画面貌，反映出早期山水画的风格特点。《游春图》画心尺寸为纵43厘米，横80.8厘米，青绿设色，隔水处有宋徽宗题签，画心上有弘历皇帝题诗。画后幅有元冯子振、赵岩、张珪题诗，明董其昌题记。钤宋徽宗宣和诸玺，元皇姊图书，清弘历、梁清标诸印。因年代久远，画面伤残、磨损、脱落十分明显。（图5.1）出于对原件的保护，1961年7月，由金仲鱼先生以人工临摹的方式完成复制品的绘制，并入藏故宫博物院作为原件副本进行保存。（图5.2）

图 5.1　（隋）展子虔《游春图》原件，故宫博物院藏

图 5.2　（隋）展子虔《游春图》复制品

由于《游春图》原件画面很多地方已经漫漶不清，这次复制有着很强的复原性质。这种复原要避免臆测而应有所依据，比如原件水纹部分模糊得比较严重，在复制过程中需要依照清晰部分的水纹样式，以相同的水纹波动节奏在复制时进行还原。（图5.3）人物、屋舍也需根据现存部分做到有依据地

复原。这种复原对文物能够流传后世意义重大，随着时间流逝，如果原件画面进一步缺失，后世将永远失去复原这些缺失的依据。即便是在影像技术发达的现代，高清影像依然不能提供原件上的丰富信息。

图 5.3　原件水纹部分（上图）与复制品（下图）对比图

　　但是仅仅复原缺失画面对于一件优秀的临摹复制品来说是远远不够的。复制品还需要再现《游春图》画面的古朴风貌。这就要在复制过程中对画面进行做旧处理，这种处理需要和画面复原保持一个很好的平衡。过分的复原会失去原件的沉稳气息，过分的做旧又将损失画面内容。通过复制品的细节可以发现，在墨线勾勒时复制品尽可能地恢复了缺失的画面，而在着色时复制品进行了做旧处理。画面中的树木、山石的敷色很明显是经过摩擦或水冲法造成刻意剥落的效果，以此营造出古旧的气息，最终达到了既复原画面又保持作品原貌的效果。（图5.4）

图5.4　复制件（右）树木、山石做旧处与原件（左）对比

　　通过对原件与复制品的仔细对比，笔者发现《游春图》复制品的画心长度为79.2厘米，这与原件80.8厘米有所出入。进一步对比后发现，是画面产生了压缩。这有可能是当年拍摄用于临摹勾稿的照片时，原作画面没有完全铺展平整。画面拱起造成了拍摄影像的压缩，后续再使用照片进行临摹勾稿，便造成了最终的复制品比原件缩短了1.6厘米。虽不免遗憾，但这并不影响这件《游春图》复制品成为人工临摹复制的优秀范本。正因其优秀，

图5.5　原件（左）与复制件（右）对比细节区别

通过其与原件的细节对比，可以发现人工临摹在很细微的部分是不能做到和原件完全一致的，这也是人工临摹复制技术的一个局限，必须得到正视。（图 5.5）

（二）张萱《虢国夫人游春图》

张萱，唐开元年间任史馆画职，擅长人物仕女。现存辽宁省博物馆的《虢国夫人游春图》，因前隔水处有金章宗完颜璟书写的"天水摹张萱虢国夫人游春图"题签，被认为是张萱原本的宋代摹本。（图 5.6）图绘杨贵妃之姐虢国夫人乘马出游的场景。此间宋摹本虽显露出明显的宋代风格，但仍可从中窥得唐代原本的一些风貌，是了解张萱画作本来面目的重要依据。

图 5.6 （唐）张萱《虢国夫人游春图》原件，辽宁省博物馆藏

图 5.7 （唐）张萱《虢国夫人游春图》复制品

20 世纪 50 年代，冯忠莲先生为荣宝斋木版水印制作画稿，前往辽宁省博物馆临摹复制该图，复制品左后方有"一九五四年冯忠莲摹"题款及"荣宝斋摹制"朱文印章。（图 5.7）作为典型的重彩人物画，原件人物、马匹线条细劲，设色艳丽中不乏雅致，复制品对两方面均进行了很好的还原。这件作品人物与马匹之外完全空白，只以画绢底色示人，这就要求复制时要选择与原件质地接近的生丝绢并比照原件进行精心的染制。另外需要提前染好托纸，衬于画面之后，以便准确把握画面的最终颜色，待复制品完成后便以此托纸进行托心，方可获得精准的背景颜色。值得称道的是本件复制品背景颜色沉稳自然，能够很好地衬托出画面人物与马匹的精美设色，最终达到工而不滞、细而不腻的效果。

（三）郭熙《窠石平远图》

郭熙，字淳夫，宋神宗熙宁元年进入宫廷，其画颇得神宗喜爱。《窠石平远图》是郭熙晚年代表作，画心尺寸为纵 120.8 厘米，横 167.7 厘米。作品绢本设色，绘秋天平远空旷景色，左下方自题"窠石平远"以及"元丰戊午年郭熙画"隶书款识。钤"郭熙印章"，另钤鉴藏印"晋国奎章""敕赐临济壹宗之印"等印 11 方。（图 5.8）1965 年，由金仲鱼先生以人工临摹的方式完成复制品的绘制，并入藏故宫博物院作为原件副本进行保存。（图 5.9）

与前代相比，宋代的山水画发展得更为成熟，使用皴笔进行山石的造型成为主流。郭熙的皴法比起同侪不仅更加繁复，对水墨的晕染也更加成熟，形成了一种水与墨融为一体的效果，这在其名作《早春图》中得到充分的展现，这张《窠石平远图》也具有同样的特点。这种水墨交融意味着画面中偶然性与不可复制性用笔的增多。想要以人工临摹的方式复制出这些效果有两种选择，最终达成的效果各有优劣。其一，使用双勾填墨的方法，描绘出皴笔的外轮廓，再精心调和出深浅不同的墨色进行填充。这种方法优点是可以准确地复制出皴笔的形状，缺点是过于死板，在一些细小的飞白处，这种刻板格外明显。（图 5.10）其二，使用对临的方式，直接使用皴笔进行绘制。这样做笔迹更加自然，但无法获得与原作一模一样的笔迹。想要获得最佳的复制

图 5.8　（宋）郭熙《窠石平远图》原件，故宫博物院藏

图 5.9　（宋）郭熙《窠石平远图》复制品

效果需要综合两种方法，在面积大的区域使用双勾法，而小区域使用对临法。（图5.11）一旦使用对临法，下笔一定要果断干脆，切忌拖泥带水，一些走形的部分可以后续进行调整，即所谓的"大胆下笔，小心收拾"。

图5.10　双勾显得刻板的细节与原件（左）对比

图5.11　双勾与对临结合的细节与原件（左）对比

（四）张择端《清明上河图》

张择端，字正道，宋徽宗时任画院待诏，其传世名作《清明上河图》如今已广为人知。全卷画心纵24.8厘米，横528厘米。该图展现了12世纪北宋都城汴京的繁华风貌。全卷以极为严谨精细的笔法无所不包地描绘了市郊风景、茶坊酒肆、车轿舟楫、士农工商等一干风物民情。画家以线条作为主要的造型手段，线条老辣遒劲。树木坡岸兼工带写，并施以少量淡雅设色，虽绘制了屋宇千间但意趣却有别于一般界画的刻板形象，展现出极高的艺术造诣。（图5.12）此卷后有金人张著、张公药、郦权、王磵、张世积鉴赏题咏。

图 5.12 （宋）张择端《清明上河图》原件（局部），故宫博物院藏

图 5.13 （宋）张择端《清明上河图》复制品（局部）

元代又入内府，后为一个装裱工匠以摹本偷换出，元至正十一年（公元 1351 年）为杨准所得，弘治初年（公元 1488 年）有吴宽跋，弘治四年（公元 1491 年）有李东阳跋，嘉靖三年（公元 1524 年）有陆宪题跋，后入严嵩家，再后入隆庆内府，卷后有冯宝跋。至清乾隆年间有陆费墀、毕沅印记。嘉庆四年（公元 1799 年）归入清内府，1911 年被溥仪夹带出宫，运往天津，后又带至长春伪满皇宫，1945 年在通化被缴获。一路流转可谓历尽沧桑，而《清明上河图》复制品的诞生也有一段崎岖历程。

　　1962 年，冯忠莲先生开始对《清明上河图》进行复制，复制工作开始一年多即因"四清运动"中断，继而受"文化大革命"影响，复制工作也无法进行。直到 1976 年,《清明上河图》的复制工作才得以继续进行,一直到 1980 年完成临摹。(图 5.13)值得一提的是,1974 年,故宫博物院曾对《清明上河图》原件进行了比较彻底的重新装裱修复,在修复过程中对前代修复中错误的接笔进行了修正。其中一个比较大的修正,是去除了明代错误接笔的一处"驴子"和"大车"。(图 5.14)这个修正处位于全卷起始处 107 厘米左右的位置。对于全画 5.28 米的长度来说,此处仅仅是画卷的开始,所绘内容也是汴京城郊的自然风光,精彩的城市场景还没有出现。通过对复制品与原件的对比可以发现,冯忠莲先生所摹复制品是以 1974 年修

图 5.14 修复时揭下的明代接笔

复后的《清明上河图》为母本进行的。(图 5.15)据冯忠莲先生自述,1976 年重新开始工作后,一大难点是要重新接驳 20 世纪 60 年代已画好的部分与新绘制的部分。考虑到复制品开始临摹前需要进行染绢勾胶版等一系列前期工作,从 1962 年到 1963 年一年左右的时间,真正落墨到画绢上应该是刚刚开头。因此可以合理推测对这件《清明上河图》的临摹,九成的落墨绘制工作是在 1976 年至 1980 年间完成的。由于是以 1974 年修复后的《清明上河图》为母本进行复制,这意味着复制品可以更加接近原作的历史原貌,也许这是对复制工作中断十几年的一种冥冥中的补偿。

图 5.15 修复前(左)、修复后(中)、复制品(右)同位置对比

（五）王居正《纺车图》

王居正，宋代画家，生卒年不详。宋郭若虚《图画见闻志》记载王居正是画家王拙之子，善画仕女人物。此件《纺车图》画心纵 26.1 厘米，横 69.2 厘米，描绘了柳树之下两名村妇操作纺车劳作的场景。画面中除两棵柳树外背景几乎空白，人物衣着线条苍劲有力，富于转折变化。纺车、木凳以界画手法描绘，结构严谨。（图 5.16）

通常来说，复制染绢需使颜色比原件稍浅，以便后续进行色彩调整。但这只是通常做法，针对不同作品还要灵活调整不可拘泥。此件《纺车图》背景空旷，复制染绢时可将底色尽可能染制准确，如果待人物绘制好后再对底色进行调整，恐颜色难以均匀。对画面人物进行敷色前，需使用白粉在画面背面对人物区域进行托色，使人物色彩更加厚重突出。之所以要在正面敷色前进行托色，是因为托色后正面人物底色会有所变化，需要在设色时将颜色调至与原件一致。绘制两个主体人物间的纤细连线时，需使用长峰勾线笔。

图 5.16　（宋）王居正《纺车图》原件，故宫博物院藏

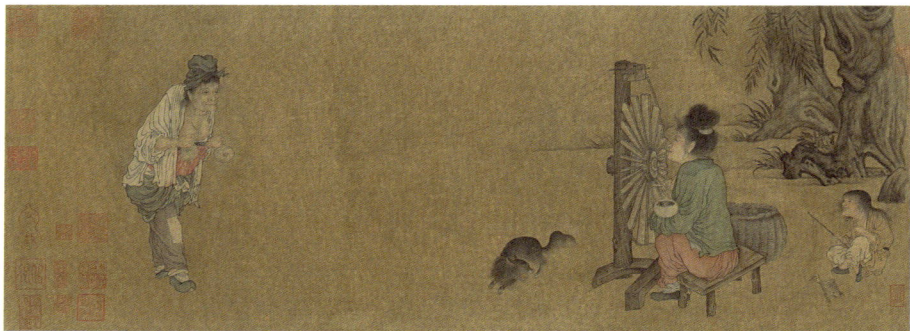

　图 5.17　（宋）王居正《纺车图》复制品

勾线时既要确保线条处于与原件相同的准确位置上，又要凝神静气保持线条的质量稳定不抖动。要同时做到上述两方面，无疑是对复制者经验与精力的考验。（图5.17）

（六）崔白《寒雀图》

崔白，字子西，濠梁（今安徽凤阳）人，宋神宗熙宁、元丰时期供职宫廷，善画花鸟。《寒雀图》绘一群小雀于枯枝间活泼飞鸣的景象，设色淡雅，展现出一派平淡天真之感。这件作品也成为崔氏改变宋初以来工稳华丽的黄氏花鸟风格的实物证据。（图5.18）作品画心尺寸纵25.5厘米，横101.4厘米，《石渠宝笈续编·宁寿宫》著录。画卷引首由乾隆皇帝书写，画心上有乾隆题诗，卷后有文彭跋，另有贾似道、乾隆、嘉庆等人鉴藏印46方。

崔白以一种十分单纯的方式绘制了这幅《寒雀图》，整个画面中仅有枯枝与九只小雀，背景则完全空白。复制时需将画绢与托心纸预先染制好颜色，并将托心纸衬托于画绢背后，而后评估背景颜色是否与原件一致。几只小雀的动作生动，结构严谨，展现出宋代花鸟画很强的写实能力。原作中鸟羽上的丝毛很细小，勾稿时难以一一准确勾描。想解决这个问题，首先要准确勾出每片鸟羽的轮廓位置，再稀疏地勾出指示丝毛走向的关键几笔，待正式过

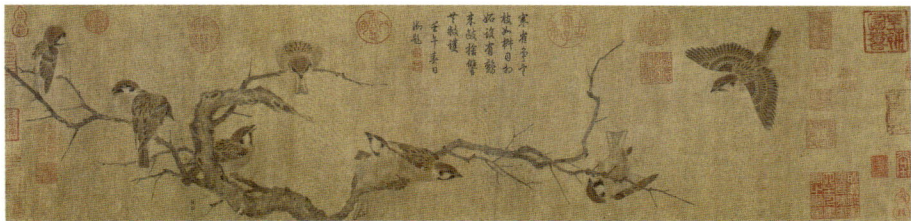

图5.18 （宋）崔白《寒雀图》原件，故宫博物院藏

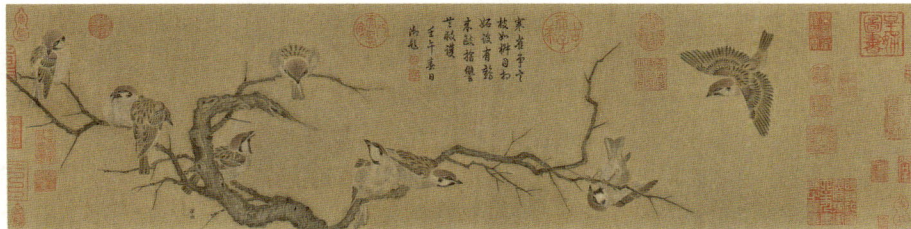

图5.19 （宋）崔白《寒雀图》复制品

稿时参考原件的羽毛密度与节奏画出全部鸟羽。（图 5.19）对画面中的乾隆御题，采用双勾法进行摹制，由于文字比较大，对双勾轮廓进行填墨时需注意字与字以及笔画之间的墨色变化，不可用单一的墨色进行填充。（图 5.20）

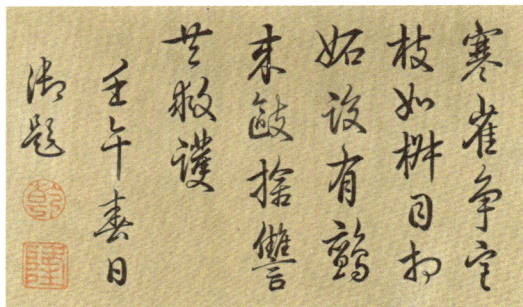

图 5.20　文字双勾填墨细节

（七）胡瓌《卓歇图》

胡瓌，范阳（今河北涿县一带）人，辽代画家。《宣和画谱》记载称其"工画番马，铺叙巧密，近类繁冗，而用笔清劲。至于穹庐什器，射猎部属，纤细形容备尽。凡画骆驼及马等，必以狼毫疏染，取其生意，亦善体物者也"。《卓歇图》描绘了契丹酋长狩猎休憩的场面，画心纵 33 厘米，横 256 厘米，《石渠宝笈续编·乾清宫》、阮元《石渠随笔》、高士奇《江村书画目》有著录。画心有弘历书"神完景肖"。引首弘历书卓歇歌，清张照书图名，后有王时、高士奇、张照三家题记。（图 5.21）

此卷画法精湛，复制时需留意人物衣纹线方正劲健的特点，这种线条较为粗壮，墨色不深，非常适合表现游牧民族服装的质地，与同时期宋朝描绘宽袍大袖汉装的用线方式迥异。画中马匹的鬃毛和人物的头发等毛发部分，

　图 5.21　（辽）胡瓌《卓歇图》原件（局部），故宫博物院藏

图 5.23　（辽）胡瓌《卓歇图》复制品（局部）

被画家营造出了一种毛茸茸的质感效果。复制时需先用较干的笔绘制毛发和鬃毛的纤维，使其呈现出一种兼勾带皴的复合效果，然后再以淡墨晕染表现出毛发的质感。（图5.22）原件中设色脱落较为严重，复制品虽不需完全效仿，但仍需使用摩擦、水冲法对画面进行做旧，从而使其具有与原件接近的整体气息。（图 5.23）

图 5.22　复制品人物马匹局部细节

（八）赵霖《昭陵六骏图》卷

赵霖，金代画家，生平不详。此件《昭陵六骏图》卷依据唐太宗昭陵六骏石刻绘制，造型朴拙，设色浓重沉厚，富有质感，是赵霖唯一一件存世作品。画心纵27.4厘米，横444.2厘米，《石渠宝笈续编·乾清宫》、阮元《石渠随笔》有著录。（图 5.24）

由于此画源自石刻的再创作，再加上赵霖北地画家的身份，此件作品质朴强悍的面貌十分突出。马匹线条并没有宋代马画的那种流畅华丽的运笔，以及精确微妙的转折，反而表现为一种劲健的"唐风"，这种风格在现存的同期绘画中并不常见。（图5.25）摹画师通常受到宋代绘画的巨大影响，日常的临

图5.24　（金）赵霖《昭陵六骏图》卷原件，故宫博物院藏

图5.26　（金）赵霖《昭陵六骏图》卷（局部）复制品

摹训练很多也以宋画为基础。但在复制这件作品时，复制师需刻意转变以往训练形成的习惯性用笔，转而以更加质朴更加直接的方式复制这件作品。（图5.26）画卷中每匹骏马旁边都有金代书法家赵秉文书写的题赞，文字笔画有很多纤细的连笔，墨色富于变化。双勾摹制文字时需将这些特点表现出来。（图5.27）

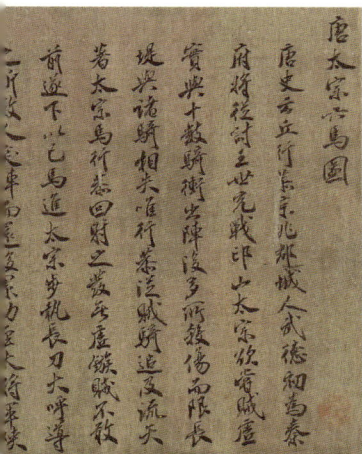

图5.25　《昭陵六骏图》卷原件马匹细节

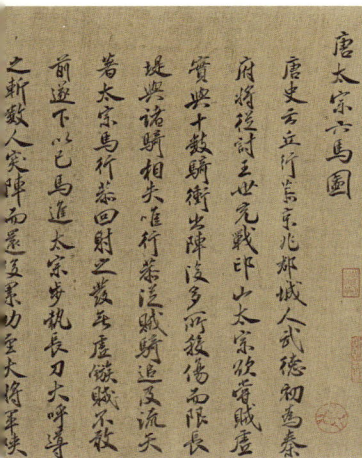

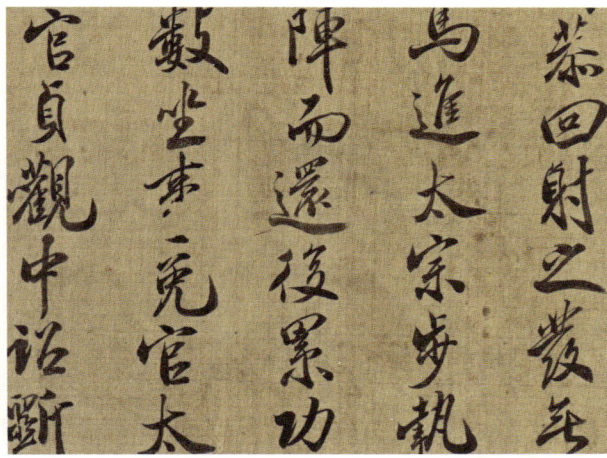

图5.27　复制品的赵秉文题赞细节

（九）宋人《游骑图》卷

宋人《游骑图》卷原名为《唐人游骑图》，经鉴定非唐人作，乃宋人仿唐人的作品。画卷描绘了唐代贵族骑马游乐的日常情景。原作画面绢色较黑，无印款，画心纵 22.7 厘米，横 94.8 厘米，《石渠宝笈续编·重华宫》有著录。画心有乾隆皇帝题诗，分钤"宣和""绍兴""封"、乾隆、嘉庆等鉴藏印 14 方。（图 5.28）

这件作品绢色极暗，严重影响了对画面的观看，染制画绢时必须适当增加明度，使摹制的人物马匹足够清晰。但又不可过于明亮，否则会影响复制

图 5.28　宋人《游骑图》卷原件，故宫博物院藏

　图 5.29　宋人《游骑图》卷复制品

图 5.30　宋人《游骑图》复制品人物做旧局部

品的整体氛围。原作线条纤细秀丽，复制时需着意表现。（图 5.29）由于底色较深，对画面背后进行托色时，需在白粉中加入赭石、淡墨等颜色降低托色的明度，避免颜色过分突兀。原作颜色脱落比较严重，为模拟色彩脱落后的斑驳效果，对人物马匹进行平染设色后，需趁颜色未干时用棉纸、棉棒蘸掉特定位置的颜色。待颜色干燥后再辅以水洗、摩擦法使颜料层进一步剥落，达到做旧的目的。（图 5.30）

（十）宋人《大傩图》

　　《大傩图》作者不详，绢本设色，画心宽 57.2 厘米，高 67.4 厘米。《石渠宝笈初编》有著录，钤有"乾隆御览之宝""三希堂精鉴玺""宜子孙""嘉庆御览之宝""乾隆鉴赏""宣统御览之宝""石渠宝笈""御书房鉴藏宝"共 8 方。画面描绘了 12 个人物，每个人都是装扮奇特，穿各式异服，戴各式帽子，持各式道具，缀各式饰物，忘情表演，风格奇特、动作稚拙、淳朴可爱。[1]

图 5.31　宋人《大傩图》原件，故宫博物院藏

[1]　参见孟凡玉《南宋〈大傩图〉名实新辨》，《中国音乐学》2011 年第 1 期，第 33 页。

（图 5.31）"大傩图"一名源自《石渠宝笈初编》的著录，至于描绘的到底是什么场景，历来有所争议。孙景琛在其《〈大傩图〉名实辨》一文中指出，此图实非"大傩"，而是活动于立春节令中的迎春歌舞，因此，或可称为"迎春舞队（或社火）"。[①] 近些年又有学者指出宋代大傩世俗化发展达到极点，成为包罗万象的世俗歌舞表演，该图正是当时大傩实际情况的真实写照，应该用发展的眼光看待历代傩仪式歌舞的变化。[②]

图 5.32　宋人《大傩图》复制品

---

① 参见孙景琛《〈大傩图〉名实辨》，《文物》1982 年第 3 期，第 74 页。
② 参见孟凡玉《南宋〈大傩图〉名实新辨》，《中国音乐学》2011 年第 1 期，第 37 页。

这件作品画法工细，人物面部胡须、皱纹丝丝可见，衣着华丽布满花纹，部分配饰、花纹进行描金处理，具有很强的装饰性，衣纹线条刚劲有力，富于变化。画面底色沉稳自然，有微妙变化，复制时，对底色的染制决定着画面最终的整体效果。在对底色进行染制时不可一次染够，过深的底色会造成人物敷彩时颜色纯度过低从而失去层次感，因此宜采取将底色染制七八分，而后给人物着色，待完成后再对人物以外的底色区域进行掏染，最终接近原作的底色效果。（图 5.32）

原作中有些矿物颜料已经脱落，形成一种深浅不一的丰富效果。要在复制品中模拟这种效果，需要先用矿物色平染一遍，然后再用棉棒将需剥落区域的表面颜色去除掉，使颜料仅在丝绢纹理之间有少量保留，最后再对整个颜色区域以较淡的颜色进行罩染，将色彩剥落处与未剥落处统一起来。（图 5.33）由于画面底色较深，在对画面背面人物区域进行托色处理时，如使用纯白托色则会使正面颜色过分突兀，因而应在白色中掺入少量赭石、墨适当降低托色的纯度，达到既增加人物正面色彩厚重度，又不显得呆板突兀的效果。

图 5.33　复制品（右）做旧处局部细节与原件（左）对比

（十一）宋人《夏卉骈芳页》

宋人《夏卉骈芳页》是《四朝选藻册》其中一页，图绘夏日盛开的锦葵、百合、栀子花争奇斗艳，花卉设色秀美，对幅有乾隆皇帝题诗，画心尺寸纵23.7厘米，横25.2厘米。（图5.34）

该作品精工写实，表现出宋代花鸟画的典型面貌，可惜原件破损处较多，复制时需仔细揣摩原笔原意，根据现有画面进行一定程度的复原。对画面着色前，需在画绢背面对花卉和叶片用白粉进行托色，叶片部分可在白粉中加入少量绿色，使正面叶片可以获得更好的发色效果。正面花卉以白粉打底，复制时可选用蛤粉平染，但蛤粉遇水会变为透明不容易观察绘制状态，因此可在蛤粉中加入少量钛白粉以更准确地把握渲染程度。花卉、叶片底色渲染完成后需使用淡胶矾水对颜色进行固定，否则无法对花瓣、叶筋进行分染，胶矾水浓度达到固色目的即可，无须太浓，须控制其中明矾的用量，否则会出现反光的痕迹难以去除。（图5.35）

图5.34　宋人《夏卉骈芳页》原件，故宫博物院藏

图5.35　宋人《夏卉骈芳页》复制品

（十二）王振鹏《伯牙鼓琴图》

王振鹏，字朋梅，永嘉人，生卒年不详，官至漕运千户，擅长人物、界画，因画艺出众，深受元文宗赏识，赐号"孤云处士"。[1]此卷画心尺寸纵31.4厘米，

---

① 参见赵炳文《高山流水觅知音　王振鹏的〈伯牙鼓琴图〉》，《紫禁城》2005年S1期，第118页。

横 92 厘米，描绘了俞伯牙与钟子期因琴声相识并引为知音的著名历史故事。卷后有冯子振、赵岩、张原湜题句，另有梁清标、乾隆、嘉庆、宣统等人鉴藏印。（图 5.36）

图 5.36　（元）王振鹏《伯牙鼓琴图》原件，故宫博物院藏

作品采用"白描"手法绘制，人物造型严谨生动，仅在人物头发与服饰上使用淡墨进行渲染，整体效果微妙含蓄，具有很高的艺术水平。为达到逼真的复制效果，需选用与绘画原件质地近似的生丝绢并染制底色，另外需配合染色的托心纸将其衬托在画卷背面，最终锁定准确的画面背景色。这件作品复制起来对线条质量要求极高，需要展现出原作中流畅且富于变化的效果。画面墨色渲染丰富微妙，需用较淡的墨多次渲染，逐步达到原件的墨色效果。画面中的山石形态柔和，摹制时在确保轮廓准确的前提下需皴染结合，准确表现出原作中的微妙效果。（图 5.37）

　图 5.37　（元）王振鹏《伯牙鼓琴图》复制品

（十三）黄公望《九峰雪霁图》

黄公望，字子久，号一峰、大痴道人，常熟人，"元四家"之一。《九峰雪霁图》是黄公望晚年所作，画心尺寸纵 117 厘米，横 55.5 厘米，画中以倒晕留白的方法描绘了层峦叠嶂的雪峰。画法一改黄氏以往的风格，少有皴笔，基本上以空勾分染表现山体，展现出一派风格雄奇、笔墨简逸的面貌。《式古堂书画汇考》《大观录》《墨缘汇观》等对此作均有著录。（图 5.38）

画面中所有雪峰均以留白方式绘制，画绢底色决定了所有雪峰的整体色调。复制该作时，首先要配合托心纸精心染制画绢底色。原作中山峰轮廓线和树木枝干线形曲折多变，墨色浓淡相间，甚至有些线首尾间就有墨色变化，

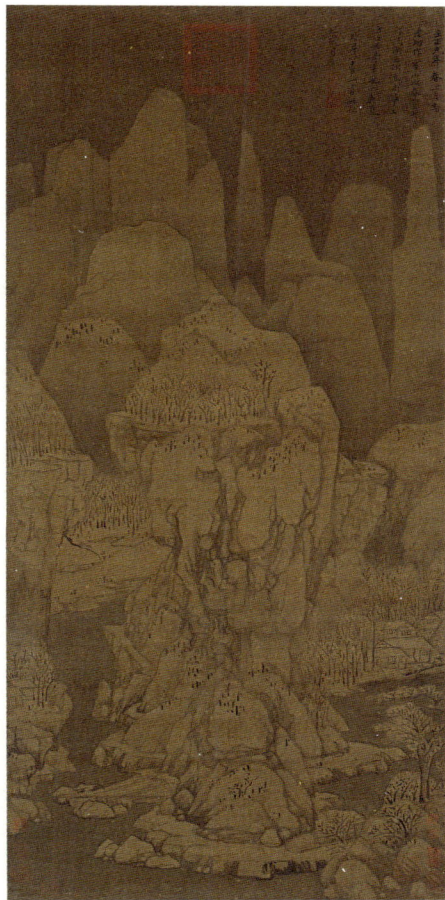

图 5.38 （元）黄公望《九峰雪霁图》原件，故宫博物院藏　　图 5.40 （元）黄公望《九峰雪霁图》复制品

从而形成一种画面的节奏感。勾稿、过稿时要尽可能准确描绘出山峰轮廓线的形状与转折变化，除此之外还要随时调整轮廓线的墨色。勾线时最好同时准备出浓淡不一的几种墨色，便于根据画面随时选用转

图 5.39　复制品墨色变化细节局部

换。（图 5.39）画面中的天空、水面以墨平染，复制时需用淡墨循序多次染制。（图 5.40）

图 5.41　（元）赵孟頫《浴马图》原件，故宫博物院藏

图 5.42　（元）赵孟頫《浴马图》复制品

（十四）赵孟頫《浴马图》

赵孟頫，元代书法家，画家，字子昂，号松学，吴兴人。赵氏以宋遗逸身份仕元，官至翰林侍读学士、荣禄大夫。他于诗文音律均有造诣，书画方面尤为突出。他主张绘画上的复古，倡导书画同源的观念。虽然赵孟頫推崇绘画中的书法性用笔，但这并不影响他在重彩工笔绘画中的精工细制，《浴马图》即是这个类型绘画的代表。这件作品青绿设色，画心纵 28.5 厘米，横 154 厘米，描绘了夏日林间奚官为马匹洗浴纳凉的场景。画面人物、马匹造型生动，设色古朴雅致，有"子昂为和之作"题款，画心有乾隆皇帝题诗，卷后有明王穉登、宋献跋，前后隔水各钤高士奇、乾隆、嘉庆、宣统鉴藏印 29 方。（图 5.41）

这件作品色不掩墨，墨线在画面中发挥着重要作用。复制时需要准确再现出原件中的线条变化，特别要注意在树干岩石的位置。这些位置的墨线兼工带写，中锋用笔与侧锋用笔灵活转换，复制者需要在勾画准确与运笔自然之间达到一种平衡，既要避免墨线位置偏离，又要避免用笔板滞生硬。原作地面以石绿染制，色调均匀沉稳，与赭石颜色之间过渡自然。复制时需以较淡的石绿层层染制，逐步达到原作的色彩效果，切忌操之过急。画面中的乾隆御题需使用双勾法进行复制，由于文字较小，需精细处理笔画间的转折，做到连贯自然。（图 5.42）

（十五）任仁发《张果见明皇》

任仁发，字子明，号月山道人，松江人，元代画家，擅长鞍马人物画。此件作品描绘了八仙之一的张果老觐见唐明皇的道教故事，所绘人物表情生动，设色古雅。画心尺寸纵 41.5 厘米，横 107.3 厘米，《秘殿珠林续编·乾清宫》有著录。（图 5.43）

图 5.43　（元）任仁发《张果见明皇》原件，故宫博物院藏

原作人物以高古游丝描绘，线条微妙含蓄，复制时需确保勾线连续流畅，不可拖泥带水。人物间的各异表情营造出画面情节的张力，人物面部线条决定着表情的微妙变化，任何差异都会对复制品造成巨大影响。（图 5.44）整幅作品设色丰富，但颜色渲染得较薄，反而营造出一种高古典雅的气氛。复制品设色也需再现出这种轻薄有透明感的设色，此外还需使用水冲法、摩擦法对局部色彩进行做旧，使部分颜色脱落，以去除复制品上的"火气"。画面上的乾隆御题也有墨色变化，摹制时需将其表现出来。（图 5.45）

图 5.44　复制品人物表情局部细节

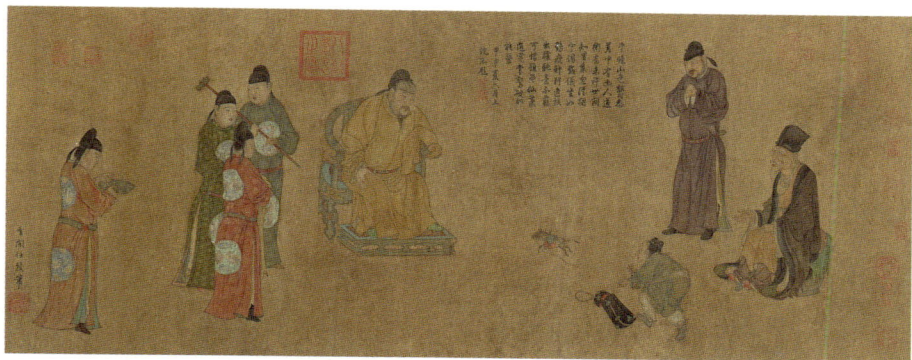

图 5.45 （元）任仁发《张果见明皇》复制品

（十六）任贤佐《人马图》

任贤佐，字子良，号九峰道人，松江人，元代画家，任仁发之子。《人马图》画面中仅绘一人一马，背景空白，画心尺寸纵 50.6 厘米，横 36 厘米，画面右上题"子良于可诗堂作"，下钤"任氏子良"白文方印，《石渠宝笈》有著录，钤项子京、张则之、弘历等鉴藏印。（图 5.46）

图 5.46 （元）任贤佐《人马图》原件，故宫
博物院藏

图 5.47 （元）任贤佐《人马图》复制品

133

人马画自有古法，任氏得家学犹善画马，此轴画面单纯，观者所有的注意力都集中在画中仅有的人与马之上。人物与马匹的线条纤细中富有变化，复制时需体现出画家以微妙的线条转折表现马匹身体结构的技巧。对人与马进行着色前，需在画绢背面以白粉对人、马位置进行托色，人物红衣处的托色可在白粉中加入少量朱砂，使正面颜色更加厚重沉稳。画面正面人物红衣色层较薄，染色时要保持原作中的通透感。（图5.47）

（十七）唐寅《孟蜀宫伎图》

唐寅，字子畏，一字伯虎，号六如居士，吴县（今苏州）人，因在会试中被牵连入科场舞弊案而仕途无望，遂寄情书画。他早年师从周臣，后青出于蓝，成为"吴门画派"中独树一帜的人物。此件

图5.48　（明）唐寅《孟蜀宫伎图》原件，故宫博物院藏

蓮花冠子道人衣日侍君王姿
紫微花榭不知人已去年闌絲
與李緋
蜀後主每於宮中裹小巾命宮妓
衣道衣冠蓮花冠日尋花柳以
侍酣宴蜀之謠巳溢耳矣而主
不揖注之竟至淪賜伻後想搖
頸之令不無捩睕 唐寅

《孟蜀宫伎图》是唐寅早年的作品，描绘了五代时期前蜀后主王建宫中身着道衣头戴花冠的四名宫伎。此作画心纵124.7厘米，横63.6厘米，人物线条细劲流畅，设色精工秀丽，《汪氏珊瑚网》《佩文斋书画谱》《式古堂书画汇考》《墨缘汇观》均有著录。（图5.48）

画面背景空白，复制时需选择质地接近的生丝画绢精心染色，并配合染色托心纸确定复制品底色。原作线条长线劲挺，转折处变化丰富，复制时需着意模仿。四名宫伎以传统的三白法渲染面部，即在面部的额头、鼻尖、下巴处以白粉渲染。白粉的渲染区域没有明确的边缘，但由于观者对人物面部一般比较敏感，白粉渲染位置的些许出入都会造成人物面部与原作的

图 5.51 （明）唐寅《孟蜀宫伎图》复制品

明显差别，因此复制时需要格外留意。（图 5.49）此外，人物服装上有些纹饰是以没骨画法绘制，复制时需用极淡的颜色标出花纹轮廓，着色时需以含水量较高的笔法直接绘制。在颜色未干之时按照之前标出的轮廓调整每一笔颜色的轮廓形状。此外，还需在颜色中加入少量胶液，使颜色干燥后在边缘处形成名为"钢边"的色彩堆积，从而彻底遮盖掉之前绘制的轮廓线，达到浑然天成的效果。（图 5.50）（图 5.51）

图 5.49　面部细节复制品（右）、原件（左）对比

　图 5.50　复制品没骨花纹细节

（十八）周臣《春山游骑图》

周臣，字舜卿，吴（今苏州）人，职业画家，主要活跃于明成化至嘉靖年间。其画法工细严整，虽为民间画家，但作品颇具"院派"风格，唐寅、仇英皆曾师从于他。此件《春山游骑图》画心纵 184.4 厘米，横 64 厘米，画法精工秀丽，是周臣的代表作。画面描绘一派春日景象，左边款："东邨周臣"，下钤"东邨"朱文长印，另有收藏印两方。（图 5.52）

整幅画面用笔用线手法丰富，山石、树木、水口、人物、建筑皆采用不同类型的线条加以表现，辅以墨色的浓淡变化，使画面显得丰富生动。复制勾稿时，不但要确保线条位置的准确，而且要尽可能表现出线条的丰富变化。过稿时，则需要多参考原件墨色的变化，使用不同浓淡的墨色勾描线条。这件作品山石的皴笔处有很多钉头鼠尾的点和线，给人一种速度感，在复制时需对面积较大的皴笔边缘进行勾勒，再以相应的墨色填充，从而确保整体画面的准确性。对于非常细小的渴笔飞白，可以将笔的含水量降低并让笔锋开叉，采用对临的方式绘制出这些极富速度感的用笔。（图 5.53）设色时要确保所用赭石、花青等主体颜色的纯净，避免颜色过度调和造成纯度下降，进而破坏画面的清丽效果。（图 5.54）

图 5.53　原件（左）、复制品（右）山石细节对比

图 5.52 （明）周臣《春山游骑图》原件，
故宫博物院藏

图 5.54 （明）周臣《春山游骑图》复制品

（十九）蓝瑛《白云红树图》

蓝瑛，字田叔，钱塘（今浙江杭州）人。作为职业画家，蓝瑛绘画面貌多样，被后人称为"武林派"，对明末清初的绘画影响很大。这件《白云红树图》画心尺寸为纵189.4厘米，横48厘米，是其晚年力作，面貌独特。（图5.55）山水画发展成熟后，多用各种形态的皴笔塑造山体，重彩青绿设色的比例逐渐减少。即便是在最负盛名的重彩青绿山水《千里江山图》中，山体上依然有类似于后世"披麻皴"的线状笔迹。（图5.56）

图5.56 （宋）王希孟《千里江山图》山峰局部

图5.57 《白云红树图》复制品山峰局部

图5.58 《白云红树图》胶版

139

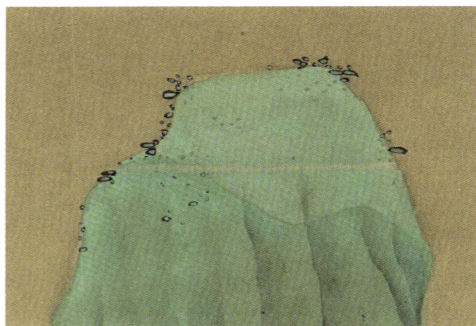

图 5.59　《白云红树图》复制品做旧局部

这件《白云红树图》似乎走向了另一个极端，画面中所有山石均以青绿色块直接表现山石，岩石转折处也是以分染的方式表现的，完全不见皴笔，整幅画面以一种不见边缘线的"没骨"方式绘制。"没骨法"常见于一些花鸟题材的作品中，绘画时颜色中的水分很足，可以造成一种灵动自如的表现效果，所用颜色也以淡雅的水色居多。这种重彩的"没骨"山水却不常见，虽说画面不见边缘线，但由于使用了石青、石绿、朱砂等矿物质颜料绘制，绘制方法依然要沿用矿物颜料的工细画法，造成了一种看似随意实则工细的奇特效果。（图 5.57）

　　因此，这件作品在复制时依然要使用传统的重彩渲染方法。需要注意的是，虽然画面中不见边缘线，但在勾稿时却要仔细分辨不同颜色的边缘位置，尽可能详细准确标出，以便能够准确过稿。画中树叶也采用石色绘制，由于比较细

图 5.60　（明）蓝瑛《白云红树图》复制品

图 5.55　（明）蓝瑛《白云红树图》
原件，故宫博物院藏

小，勾稿时需尽可能准确清晰。不同颜色的树叶如果全部使用墨色勾描会造成后续过稿时难以分辨，因此可以使用矢砂勾描部分树叶加以区分。（图 5.58）复制品设色完成后，对原件中一些明显的色彩剥落处需使用水冲法与摩擦法对复制品进行做旧，以获得古朴自然的效果。（图 5.59）（图 5.60）

（二十）边景昭《竹鹤图》

边景昭，字文进，祖籍陇西，福建沙县人 [1]，明永乐时期的宫廷花鸟画家。此件《竹鹤图》画心尺寸纵 180.4 厘米，横 118 厘米，以白粉重设色绘制了两只情态各异的白鹤，画面右下题款"清华阁画史边景昭制"，是明代较早期宫廷画院花鸟画的代表。明初院体绘画仍然延续着很多宋代画院的传统，画家对白鹤的描绘依然严谨写实。白鹤羽毛的轮廓线隐藏在白粉之下，片片羽毛茸茸可爱洁白无瑕。（图 5.61）

《竹鹤图》原件画面绢色较深，考虑为复制品自然老化留下一些余地，复制时对画绢的染色可以比原件稍浅一些，这也是对底色较暗的绘画复制时通常的做法。但是如此处理也带来一个新问题，即画面

---

[1] 参见薛永年《边景昭及其〈竹鹤图〉轴》，《紫禁城》1981 年第 6 期，第 41 页。

图 5.61 （明）边景昭《竹鹤图》原件，故宫博物院藏

图 5.63 （明）边景昭《竹鹤图》复制品

图 5.62 复制品羽毛做旧细节

里两只白鹤的羽毛是用白粉渲染的，羽毛根部白粉较淡，靠底色衬托出羽毛的层次，底色变淡之后会造成鸟羽层次感随之变弱。为解决这个问题，在使用白粉渲染羽毛前可使用赭石加淡墨分染每片羽毛的根部，这样就可以增加羽毛的层次感，增强画面质感。羽毛渲染完成后，还需使用水冲法使部分白粉脱落，完成对鸟羽部分的做旧。（图 5.62）（图 5.63）

（二十一）丁云鹏《三教图》

丁云鹏，字南羽，别字文举，号圣华居士，安徽休宁人，善画释道人物。此件《三教图》画心尺寸纵115.6厘米，横55.7厘米，设色画儒、释、道三人物，皆拱手而坐，形象生动。背景画大树三株，山石、丛草衬托；画面左上方有陈继儒题记，左下方题"善男丁云鹏敬写"款识，钤"丁云鹏印"朱文方印、"南羽氏"白文方印。（图5.64）

此件作品为纸本设色，复制前可先将"生宣"进行染色，之后使用胶矾水将宣纸"打熟"。生宣染色颜色比较容易均匀，如果使用"熟宣"染色则容易造成笔刷的痕迹。画面中的人物、树叶线条比较明确，按照原件如实摹

图5.64　（明）丁云鹏《三教图》原件，
故宫博物院藏

图5.65　（明）丁云鹏《三教图》复制品

图 5.66　复制品苔点细节

制即可。但是树干、山石部分则是兼勾带皴，偶然性用笔较多，摹制时要把握大的线形走势，细小皴笔可单独绘制调整。点状树叶和地面上的花青苔点无法——精确描摹，在尽可能模拟出每个点的形状前提下确保外侧轮廓与整体色调的准确即可。（图5.65、图 5.66）

（二十二）丁云鹏《玉川煮茶图》

《玉川煮茶图》画心尺寸纵 137.3 厘米，横 64.4 厘米，纸本设色。画中二侍者立于左右，背景画翠竹芭蕉、太湖石、丛草衬托；画面左上题"玉川煮茶图，壬子冬日为逊之先生写于虎丘僧寮丁云鹏"，下钤"云鹏""南羽"朱文印两方。（图 5.67）

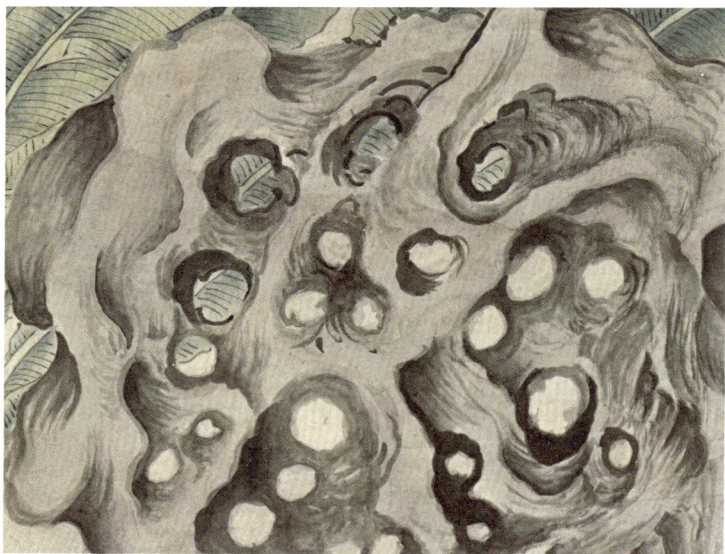

图 5.68　复制品湖石细节

图 5.67　（明）丁云鹏《玉川煮茶图》原件，故宫博物院藏

图 5.69　（明）丁云鹏《玉川煮茶图》复制品

　　此件绘画纸本设色，与前文《三教图》有很多相似之处，亦可采用相同的复制方法。但此件画面中，主体人物背后的湖石画法繁复，想要准确复制，需要按照轮廓线、转折皴染、墨色分染、整体罩染的顺序进行摹制，否则容易被湖石复杂结构影响顾此失彼。（图 5.68）湖石后面的竹林采用"没骨"画法，需以水分饱满的笔法绘制，并在颜色中适量加入胶液，使其在干燥后形成"钢边"。（图 5.69）

（二十三）沈周《枇杷图》

沈周，字启南，号石田，长洲（今苏州）人，明代吴门画派的创始人。其花鸟画呈现一种粗简写意的面貌，这种风格直接影响了之后徐渭、陈淳等人的写意花鸟绘画。这件《枇杷图》就属于沈周典型的没骨花卉画，该画纸本设色，画心纵133厘米，横36.6厘米，描绘了成熟的枇杷果实挂于枝头，圆润饱满，叶片用色水分充盈、色彩润泽通透，枝干用飞白笔法绘出，整个画面呈现出一片清新秀雅的气息。画面右上有沈周自题"爱此晚翠物，结实□可玩。山禽不敢啄，畏此黄金弹。沈周"。下钤"启南"朱文方印，左侧另有明人陈章、钱福二人题跋。（图5.70）

这个时期的没骨花鸟画所用纸张既不是熟纸，也不是后世大写意绘画所用的生纸，而是介于二者之间的一种半熟纸。在这种纸上绘画既不像在熟纸上那样干涩，也不似在生纸上那样吸墨洇晕。开始复制前，需首先制作出这种半熟纸。具体方法是先将生纸底色染至与原件一致，然后使用生豆浆与骨胶混合液涂刷纸张制成半熟纸。勾稿时需将叶片、树枝、果实的边缘准确勾勒，以确保着色时外形准确。没骨绘画每笔颜色均需有浓淡变

图5.70 （明）沈周《枇杷图》原件，故宫博物院藏

分身有术
中国书画复制技术

图 5.71 （明）沈周《枇杷图》复制品

化，着色时要将毛笔洗净，吸取水分后再用毛笔前端蘸取颜色进行绘制。着色后趁颜色未干时按照勾稿时确定的边缘范围仔细修整边缘形状。通过观察原件可以发现，叶片边缘处有微妙的色彩堆积，俗称"钢边"，要再现这种效果还需要在颜料中加入适量的骨胶液。叶片上的叶筋要在叶片颜色半干未干时进行勾画，这样可以实现叶筋颜色轻微的晕散效果，使其显得更加生动、逼真。枇杷果实完成着色后，还需在表面罩染一层薄白粉，使其看起来更加圆润。（图 5.71）

（二十四）王谔《踏雪寻梅图》

王谔，字廷直，奉化人，主要活动于明成化至正德年间，弘治年间以绘事供奉仁智殿。所绘《踏雪寻梅图》纵 106.7 厘米，横 61.8 厘米，左下角题"臣王谔写"款识。画面中用墨色染就天空，以倒晕法凸显出布满积雪的山峰、树石与道路。除人物外其他景物几乎没有设色，画面看似简单，复制起来实则不易。（图 5.72）

图 5.72 （明）王谔《踏雪寻梅图》原件，故宫博物院藏

图 5.74　（明）王谔《踏雪寻梅图》复制品

　　原作中墨染天空极为深沉均匀，复制时想要达到相同效果必须注意如下几个方面：第一，绘制天空时应使用淡墨多次渲染，颜色不可一次染够，过深的墨色难以均匀。第二，要关注染色用笔的含水量，尽可能做到每一笔含水量一致，水分不够前及时补充。水分过少会出现渴笔飞白，导致墨色难以衔接；水分过多则会使墨色在画面上游移染花底色。第三，要控制好复制环境的湿度，湿度过低、墨色干燥过快会导致画面难以均匀。

　　着色初步完成后，需用水冲法冲洗画面去除表面浮墨，使墨色更加沉稳自然。如果冲洗后墨色脱落过多则要待画面干燥后重新渲染墨色，直到与原作一致为止。对于画面中小斧劈皴的部分需先描绘出其大致区域，以保证复制品与原件的基本一致。对细节处的侧锋用笔，则侧重于笔意的自然，不可犹豫不决、拖泥带水。（图 5.73、图 5.74）

图 5.73　原件（左）与复制品（右）山石皴笔细节对比

（二十五）禹之鼎《题扇图》

　　禹之鼎，字尚吉，号慎斋，江苏兴化人，清初画家，善画人物、山水，尤精写真。此图绘"右军书扇"的场景，画心尺寸纵 131.5 厘米，横 56 厘米，石上题"题扇图，都门客卤摹刘松年笔意恭颂定翁老先生荣寿千春，广陵禹之鼎"。画家虽自题摹刘松年笔意，但此图无论从题材、构图、画法均与云

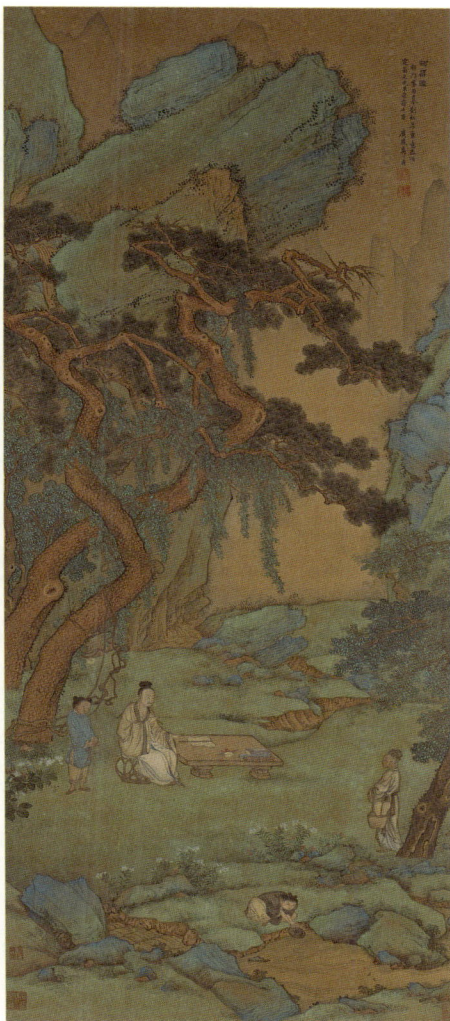

图 5.75　（清）禹之鼎《题扇图》原件，故宫博物院藏　　图 5.77　（清）禹之鼎《题扇图》复制品

南省博物馆所藏仇英《右军书扇图》轴几近一致 [1]，因此画面风格完全是一派仇英面貌。（图 5.75）

画面中山石、树木轮廓线比较明确，过稿时准确描绘可以确保画面整体的准确性。但其内部的皴笔无法做到完全一致，在做到绘制位置基本准确的前提下，尽可能以肯定自然的用笔进行皴擦，避免板滞生硬。画家以大面积

---

[1] 参见汪亓《论禹之鼎对仇英青绿山水画的继承》，《中国国家博物馆馆刊》2016 年第 10 期，第 139 页。

图 5.76　复制品青绿做旧细节

的石青、石绿渲染山石，以石绿平染绘制地面，但原作中的青绿渲染并非均匀一色，加上年深日久颜色脱落，形成了一种斑驳丰富的视觉效果。复制品着色时也需要根据原件进行染制，再配合做旧手法在相应的位置制作出颜料脱落的效果，最终获得与原件基本一致的视觉效果。（图 5.76）矿物颜色染色后需及时使用淡胶矾水进行固色，而后再进行草丛与花卉的绘制，避免弄花之前渲染的矿物颜色。（图 5.77）

（二十六）郎世宁《花鸟册页》

郎世宁，原名 Giuseppe Castiglione，意大利人，康熙年间进入清朝宫廷，历经康、雍、乾三朝。他将西方绘画的立体透视原理及西画技巧运用于中国宫廷绘画的创作中，形成了一种中西合璧、立体逼真的绘画风格。此件《花鸟册页》共十开，画法精工、色彩鲜艳，花卉多用西法，花枝花叶展现出更多的中国绘画风格，每开画心纵 32.6 厘米，横 28.6 厘米，对题为梁诗正题诗，钤乾隆、嘉庆鉴藏印。（图 5.78、图 5.79）

图 5.78 ［意］郎世宁《花鸟册页》原件
1，故宫博物院藏

图 5.79 ［意］郎世宁《花鸟册页》原件 2，
故宫博物院藏

图 5.80 ［意］郎世宁《花鸟册页》
复制品 1

图 5.81 ［意］郎世宁《花鸟册页》
复制品 2

郎世宁进入清朝宫廷后，为适应皇家的审美趣味，对西方绘画进行了改良，如去除了很多明显的阴影，但其造型方法仍然是西方式的。在复制这件册页时需在中西不同绘画方式间灵活转换，尽可能表现出二者的区别，这对临摹者技法是否全面提出了考验。（图 5.80、图 5.81）

（二十七）艾启蒙《十骏犬图册》

艾启蒙，波西米亚人，乾隆十年（公元 1745 年）以传教士身份进入清朝宫廷，与郎世宁、王致诚、安德义并称"四洋画家"。《十骏犬图册》共十开，每开画心长 24.5 厘米，宽 29.3 厘米，分别以西洋绘画手法描绘了十只神骏猎犬，画面背景则以中国传统山水笔法绘制，应该是与宫廷中中国画师合作完成的。（图 5.82、图 5.83）

这件册页的复制难点在于猎犬的皮毛。首先对于这种非常纤细的皮毛，无法在勾稿阶段一一准确展现，只能描绘出主要的皮毛走向以标示出猎犬形体。在正式复制时需时刻观察原件细节以对临的方式进行复制。即便是对临，仍需要复制者对犬类的身体结构有所理解，因为西洋画师所绘制毛皮时贯穿着西方绘画的立体透视观念，所有犬毛汇集成片以展现猎犬的身体结构，这种画法类似于用毛笔来画素描。中国传统花鸟画中虽也有绘制动物毛皮的专门技法——撕毛，这种技法可以画出很精细的皮毛效果，但是不大重视动物身体结构的表现，是不适合应用到此件作品的复制的。（图 5.84）这件册页尺寸不大，猎犬的头部特征却刻画精微，犬的眼睛细如小米，但仍然进行了层层渲染以展现出立体感，这对复制者的经验和手的稳定性都提出极高的要求。作品原件是东西方画师合作的成果，但复制时只能由复制师一人承担。因此在进行背景复制时，需要复制师一改描绘猎犬时的西方绘画观念，转而以中国传统的山水技法绘制背景。背景中的山石皴擦因充满偶然性的用笔效果，无法做到与原件完全一致，但仍需大胆下笔、精心收拾，从而获得最接近原件的整体效果。（图 5.85、图 5.86）

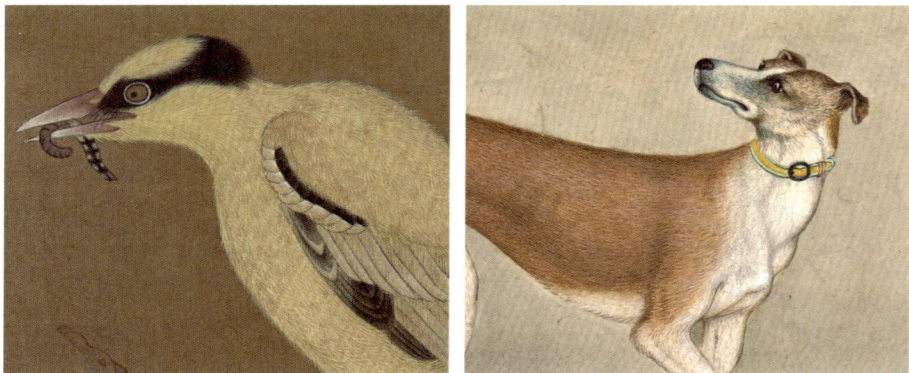

　　图 5.84　《十骏犬图册》犬毛细节与中国传统撕毛画法比较

图 5.82 ［波西米亚］艾启蒙《十骏犬图册》原件 1，故宫博物院藏

图 5.85 ［波西米亚］艾启蒙《十骏犬图册》复制品 1

图 5.83　［波西米亚］艾启蒙《十骏犬图册》原件 2，故宫博物院藏

图 5.86　［波西米亚］艾启蒙《十骏犬图册》复制品 2

（二十八）丁观鹏《第九拔嘎沽拉尊者》

丁观鹏，顺天（今北京）人，清乾隆年间宫廷画师，擅长释道人物绘画。其绘画风格受到宫廷西方传教士的绘画影响，所绘人物建筑多采用光影造型的方式，体积感很强。但与典型的西方绘画相比，这种光影造型的方式明显是经过改良的。特别是在人物画方面，人物面部虽有光影效果，但不存在定向的光源方向，因而没有明确的明暗交界线与阴影。进行这种改良是与当时皇家喜好密切相关的。

这件《第九拔嘎沽拉尊者》是丁观鹏画《释迦及十六尊者像》中的一件，画心纵 87.7 厘米，横 54 厘米，画面左下有"臣丁观鹏恭绘"题款，并钤有"臣丁观鹏""恭绘"白文、朱文小印各一。另有"乾隆御览之宝""三希堂精

图 5.87 （清）丁观鹏《第九拔嘎沽拉尊者》原件，故宫博物院藏

图 5.91 （清）丁观鹏《第九拔嘎沽拉尊者》复制品

图 5.88　原件面部细节

图 5.89　复制件鼯鼠皮毛、衣着纹饰细节

图 5.90　复制品背面托色

鉴玺""宜子孙""乾隆鉴赏""秘殿珠林""宝蕴楼书画录"鉴藏印六方。
该画保存着清乾隆年间的原始装裱，但画面通体黄斑，可能是由于当年装裱
糨糊成分造成的。（图 5.87）为防止画面在未来进一步霉变损坏，趁画面图
像保存尚完好，故宫博物院决定对其进行临摹复制。

　　这件作品属于典型的宫廷绘画，绘制工细、敷彩艳丽，人物面部处理明
显受到西方光影造型方式影响。一般中国传统人物画在复制时只需将线条摹
制准确，画面最终的准确性便有了保障。但这件作品人物面部五官及肌肉结
构的微妙变化却是用明暗渲染进行塑造的，在晕染时要精细把握分寸，以免
失去人物面部原有的平静安详之感。（图 5.88）此外，画面人物手中鼯鼠皮
毛以及人物衣着的繁复纹饰均过于细密，无法在勾稿时一一对应勾出，因此
只能先摹制出主要线条，待上色时再采用对临的方法进行复制。（图 5.89）

对临的准确性完全依赖复制师的经验与功底，是复制师水平的重要体现。为了人物敷色更加厚重，需在背面对人物区域进行托色，提前染好命纸衬在画面背后也是确保设色准确必不可少的工序。（图 5.90、图 5.91）

（二十九）姚文瀚《七夕图》

姚文瀚，顺天人，清乾隆时期宫廷画师，善画人物、释道画像。文献对其生平语焉不详，但《石渠宝笈》收录其 41 件作品，可见他在清宫画师中的地位。[①] 此件《七夕图》画心纵 176.5 厘米，横 92.2 厘米，画面内容分为三层：底层为婴戏欢庆场面，中层为牛郎织女的劳作场景，上层为鹊桥相会场景。三层画面以彩云分割，画面正中以界画笔法绘有楼台建筑。（图 5.92）

本幅作品人物、花卉、建筑内容极为丰富，且设色华丽，尺幅巨大，不啻为将全科绘画熔于一炉，复制起来颇费功夫。其中人物、花卉以游丝描绘制，复制时需保证线条稳定纤细，柔中带韧。楼台建筑需用界尺严谨细致地进行绘制。天空、湖石、荷叶、树叶分别使用石青、石绿渲染，染制时需控制好矿物颜色的浓度，以较淡的颜色多次染制，其间以淡胶矾水加固颜色防止颜色遇水变花和脱落。最后，使用泥金进行描金，泥金颜色使用前要在加热的盘子中以手指加胶研磨，研磨细致均匀后方可使用。（图 5.93）

---

① 参见聂崇正《乾隆朝如意馆"画画人"姚文瀚》，《紫禁城》2012 年 06 期，第 92 页。

图 5.92　（清）姚文瀚《七夕图》原件，故宫博物院藏

图 5.93　（清）姚文瀚《七夕图》复制品

二、照相复制案例

照相复制的工艺流程分为照相制版、显影修版、接触印相、人工着色、印章钤盖几个步骤。本节与上节人工临摹复制案例同样，仅对每个案例的特点与复制细节进行分析，对具有共性的总体流程不再赘述。以如今的眼光来看，以照相复制技术制作的复制品似乎并不十分理想，但在 20 世纪 60 至 70 年代，这一复制技术却有着无可替代的地位。

（一）李白《上阳台》帖

此帖据传为唯一存世的李白墨迹。此帖是否为李白真迹尚有争议，但这里仅讨论复制过程。此帖画心尺寸纵 28.5 厘米，横 38.1 厘米，引首弘历书"青莲逸翰"，前隔水以瘦金体书写"唐李太白上阳台"，曾经张晏、欧阳玄、项元汴、梁清标、安歧、乾隆、嘉庆、张伯驹等人收藏。（图 5.94）

此帖所用纸张呈灰褐色且颜色较深，纸张上遍布折、皱痕迹以及历代装裱时的修补痕迹，有些文字已经模糊不清难以辨别。由于文字与纸张底色明

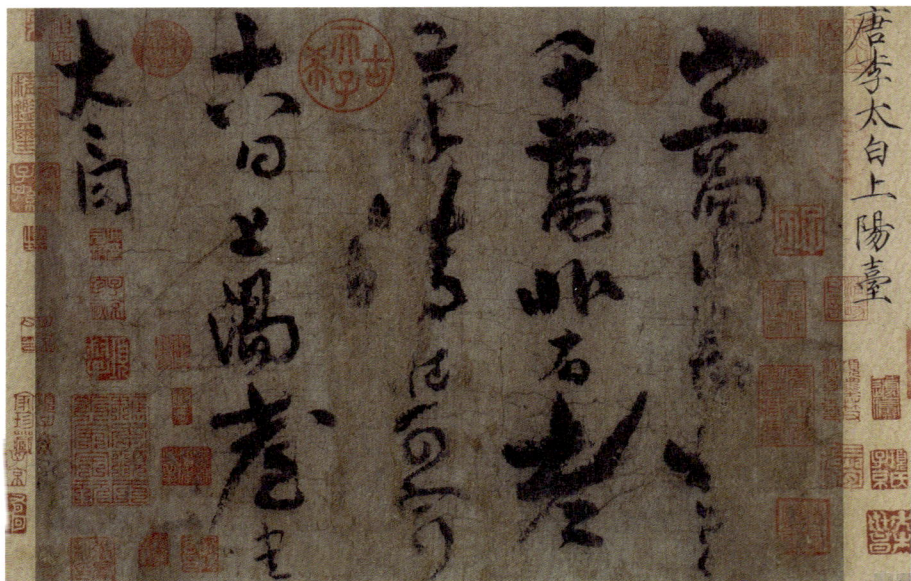

图 5.94　（唐）李白《上阳台》帖原件，故宫博物院藏

度过于接近，在对底片进行显影和修版时需优先考虑文字的清晰度。画面中鉴藏印数量很多，这些印章必须在修版时予以清除，否则最后无法用印泥进行印章钤盖。但这也带来一个问题，即这件作品纸张纹理明显，且遍布整个画面，去除底片上的印章痕迹时，势必造成无法保留该区域的纸张纹理，形成一种不自然的空白。

（图 5.95）为解决这个问题，只能对底片上绝大部分的纸张纹理进行修版清除。完成印相后，需按原件的颜色对复制品进行染色，染色后可以一定程度弥补去除纸张纹理造成的突兀效果。（图 5.96）

图 5.95　复制品清除纸张纹理后产生的空白

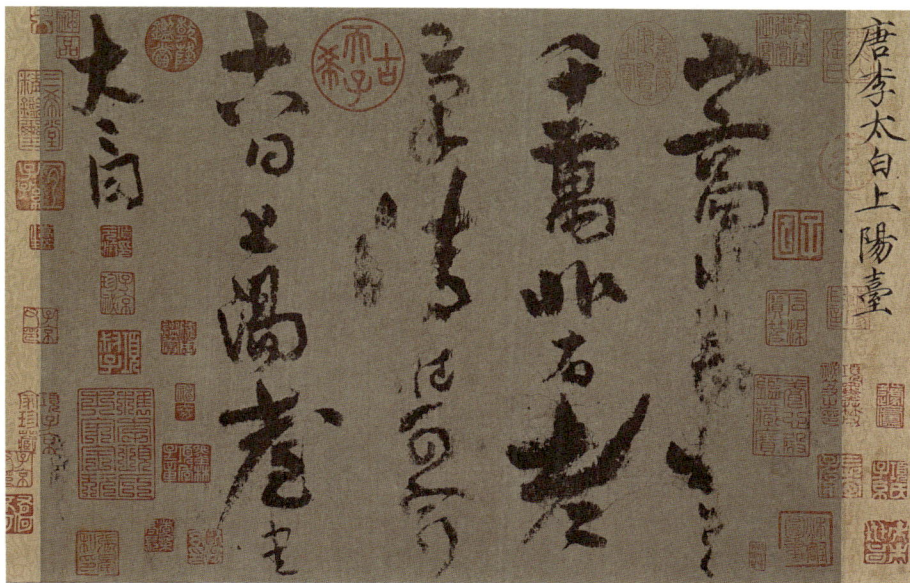

图 5.96　（唐）李白《上阳台》帖复制品

（二）米芾《行书苕溪诗卷》

米芾，初名黻，字元章，北宋著名书法家，为"宋四家"之一。此件《行书苕溪诗卷》是其中年的得意作品，笔法自由奔放、饱满丰润，瘦不露骨，肥不剩肉。画心尺寸纵30.3厘米，横189.5厘米，卷后有宋米友仁、明李东阳题跋，曾经宋高宗，元鲜于枢，明陆宪、项元汴、汪砢玉《珊瑚网书跋》、郁逢庆《郁氏续书画题跋记》、清顾复《平生壮观》、梁清标、卞永誉《式古堂书画汇考》、乾隆内府《石渠宝笈续编》、吴其贞《吴氏书画记》、吴升《大观录》、嘉庆内府等收藏和著录。（图5.97）

书法作品通常仅用墨色书写，相较于绘画更加纯粹，但也正是由于这种纯粹，复制时容不得些许瑕疵。传统的人工临摹复制技术以双勾填墨的方法复制书法作品，但在笔画的微妙转折间常见各种不自然的瑕疵。照相复制可

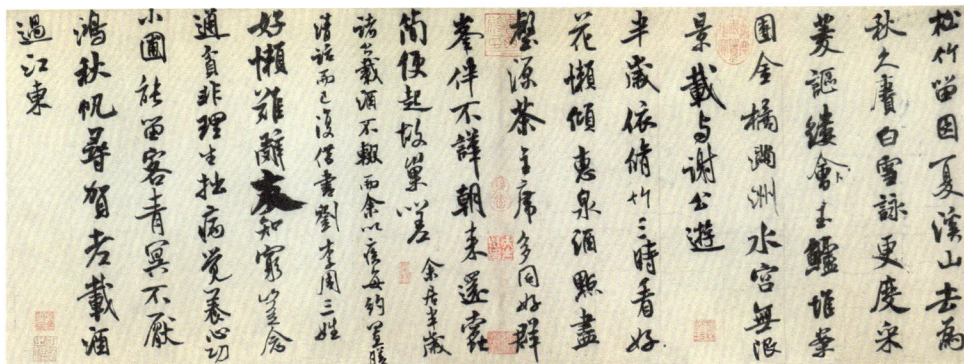

图5.97　（宋）米芾《行书苕溪诗卷》原件，故宫博物院藏

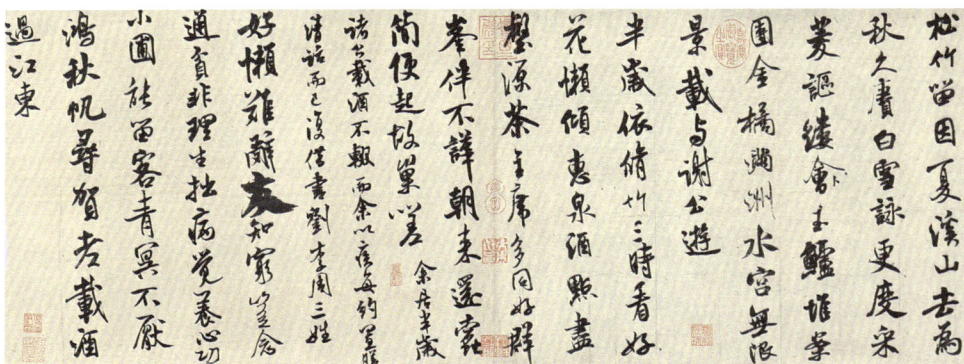

图5.98　（宋）米芾《行书苕溪诗卷》复制品

以如实地再现原作的字体结构，但受拍摄底片性能的影响，文字的表现效果时常不够理想，需要人工对底片进行修整。《行书苕溪诗卷》的文字笔画粗细变化剧烈，有些笔画丰润粗大，有些则细若游丝。这些极细的笔画在底片中有时表现不出来，

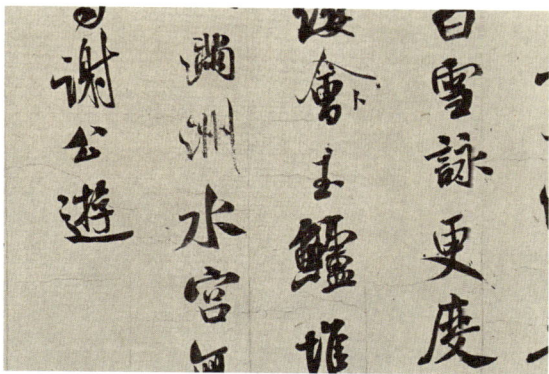

图 5.99　复制品复制出的纸张痕迹

这时就需要使用修版刀在底片药膜面刮除药膜。这种以刀代笔的方法，需要修版师对米书的用笔方式有所感悟，修版时才能更有把握。除此之外，还需使用洋红药水对底片进行"涂红脱底"，去除拍摄形成的灰底，增强整体作品的对比度。涂红时需要灵活掌握药水浓度，底片拍摄出的印章需要以浓度较高的药水涂红，完全去除印章印记，否则印相后会出现印文的痕迹，影响印章的钤盖。对于原作上的一些褶皱、水痕等历史信息，要根据实际情况适当予以保留。《行书苕溪诗卷》是书写在纸张上的，起首处就存在一些纸张裂痕，在修整底片时不要完全去除这些痕迹，一方面可以保留更多历史信息，另一方面也能使复制效果更加丰富自然。（图 5.98、图 5.99）

（三）王蒙《夏日山居图》

王蒙，字叔明，号黄鹤山樵。王蒙是赵孟頫的外孙，绘画上顾受外祖父影响，同时继承董源、巨然绘画传统并有创造性发展。王蒙的很多作品都是反映隐居避世思想的，这件《夏日山居图》也属于这类题材。画面中用枯笔皴擦，多见解锁皴、牛毛皴或细笔短皴，从而造就了一派树石层次丰富、山岭起伏交叠、山间林木茂密，布局山重水复、气象万千的画境。（图 5.100）

这件作品画心加上诗堂纵 143 厘米，横 36 厘米，需用三张 50 厘米 × 60 厘米的底片拼接制作原大底片。对原件进行拍摄时，需严格控制每张底片的曝光时间，确保三张底片一致，这样才能获得统一的明暗效果，以便于后续

黄鹤山人標格清骨中丘
密何殷勤横興来授著一揮
酒杏崖翠石煙雲生人家
住在山之麓隱映門墙故
林木横経讀龍鼓瑟琴素
風淅勤窓前竹
同業先生家愛山無瑕衣
浮青山着時張此圖向高
鋒彷彿揚子江天覧
少司成賁先生題
三山林餘為

夏日山居
戊申二月黄鶴山王叔明為
同玄高士書于青村閑氏之嘉樹軒
暑山雅解紫
明海瀟木運
鎮翠青藝結
宇名何瀑水
上不已今昔
雜政圖雅樓
乾隆戊申御題

图 5.100　（元）王蒙《夏日山居图》
原件，故宫博物院藏

黄鶴山人標格清骨中丘
密何殷勤横興来授著一揮
酒杏崖翠石煙雲生人家
住在山之麓隱映門墙故
林木横経讀龍鼓瑟琴素
風淅勤窓前竹
同業先生家愛山無瑕衣
浮青山着時張此圖向高
鋒彷彿揚子江天覧
少司成賁先生題
三山林餘為

夏日山居
戊申二月黄鶴山王叔明為
同玄高士書于青村閑氏之嘉樹軒
暑山雅解紫
明海瀟木運
鎮翠青藝結
宇名何瀑水
上不已今昔
雜政圖雅樓
乾隆戊申御題

图 5.102　（元）王蒙《夏日山居图》
复制品

图 5.101　复制品天空部分的修整细节

拼接。对底片进行涂红修整时，需小心清除天空、水口部分的灰底，增加画面的层次感。（图 5.101）拍摄出的印章印记需彻底清除，以便最后用印泥重新钤盖。王蒙绘画中的皴法是一大特色，无论是解锁皴还是牛毛皴绘制时都有一个运笔方向。对皴擦部分进行修整时，需顺着皴笔的运笔方向进行，避免破坏皴笔的连贯性。（图 5.102）

（四）赵雍《松溪钓艇图》

赵雍，字仲穆，湖州人，赵孟頫次子，活跃于元代中后期。此件《松溪钓艇图》为《五家合绘卷》中赵雍所绘的部分，纵 30 厘米，横 52.8 厘米，钤明李肇亨，清乾隆、安岐等鉴藏印。画家以浓淡不同的书法性用笔绘制出近景的松树，使用长披麻皴描绘远山，中景点缀一泛舟垂钓者。画面不施颜色，展现出元代文人绘画的典型面貌。（图 5.103）

这件山水画面墨色富于变化，对拍摄后的底片进行显影时使用 D76 显影液。在显影时，应增加显影液中米吐尔的用量并减少碳酸钠的用量，从而使胶片曝光强弱不同的部分同时进行显影，以增加图像的层次感。画面中近景

图 5.103　（元）赵雍《松溪钓艇图》原件，故宫博物院藏

图 5.104　（元）赵雍《松溪钓艇图》复制品

与远景之间以及天空均是大面积的空白区域，这些区域需使用洋红渗泡的红颜料水进行"涂红脱底"，否则在画面印相后会呈现淡淡的灰色，使画面对比度降低失去层次感。涂红时需注意画面中的线条与皴笔处，不可越界遮盖破坏原有的用笔形状。完成印相后的画面还需人工染制底色，将复制品与原件进行对比时，可以明显地发现复制品的所有墨色都是偏暖的，这也是由工艺顺序所造成的。最后对染色后的复制品钤盖印章完成复制。（图 5.104）

图 5.105　复制品的淡墨缺失部分

毋庸讳言，相较于当下的数字喷绘复制品，这件照相复制品仍存在不少瑕疵。除了上述墨色偏暖之外，很多淡墨部分均有所缺失，这是受当时的底片性能限制所造成的。（图 5.105）在当时的技术条件下，这件照相复制品还原了绘画原件绝大部分的面貌，其仍不失为一件经典复制品。

（五）沈周《吴中山水册》

明代画家沈周的《吴中山水册》全册共十七开，是其粗笔山水代表作之一，每开画心尺寸纵 28.5 厘米，横 25.3 厘米，沈周署款行书对题，钤"启南"朱文印，每开均钤"明杨素福审定珍玩"鉴藏印，后有杨嘉祚题记。（图 5.106）

此件册页均以水墨绘制，是典型的沈周粗笔水墨风格，无设色，很适合进行照相复制。每幅画面均由比较明确的黑、灰、白三个颜色层次构成。通过调整显影液中溴化钾的含量控制暗部感光部分的银盐还原，加强亮部的密度以获得减淡底色，加重墨色的效果。对底片进行显影时应密切关注灰色调的显影效果，待灰色调达到要求时及时停止显影。虽然在显影时尽可能减淡画面底色，但受到底片性能的限制，对画面最亮的部分仍然需要使用洋红药水进行修整，使画面层次分明。由于全本册页共有 16 幅画面、17 幅文字对题，因此拍照、显影、修版、印相时需采用相同的参数标准以获得统一的画面效果。
（图 5.107）

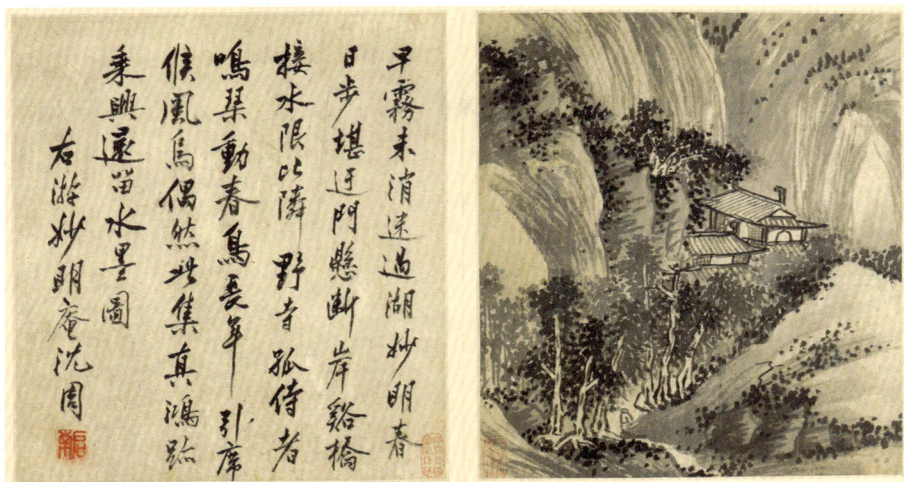

图 5.106　（明）沈周《吴中山水册》原件，故宫博物院藏

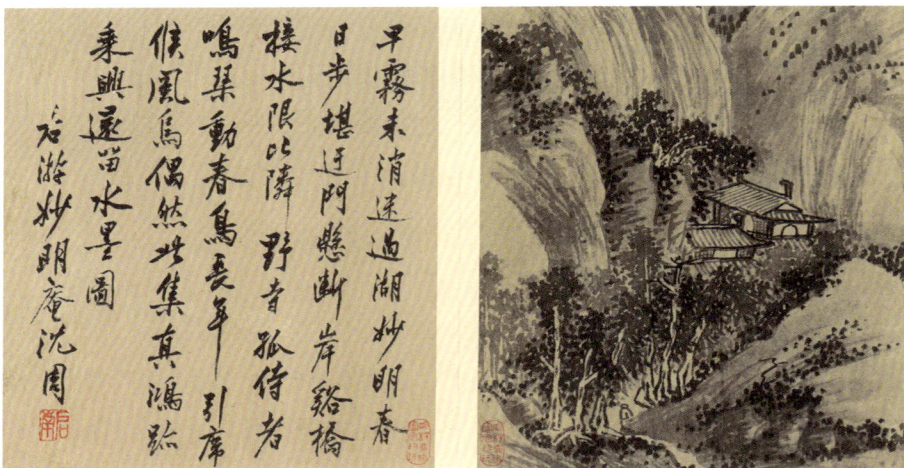

图 5.107　（明）沈周《吴中山水册》复制品

（六）祝允明《燕喜亭等四记题》

祝允明，字希哲，号枝山，长洲（苏州）人，书法造诣精深，与文徵明、王宠并称"吴中三大家"。此件《燕喜亭等四记题》画心尺寸纵 20.4 厘米，横 201.1 厘米，卷后有文徵明、王毂祥、许初、周天求、陆师道、彭年、袁尊尼、闵问逸等人题跋，为祝氏小楷代表作。（图 5.108）

此件《燕喜亭等四记题》是纸本作品，纸张较白，与墨笔文字反差很大，为照相复制提供了很好的条件。但由于原件作品长度较长，拍摄时需使用 4 张 50 厘米×60 厘米的 PA 软片连续拍摄。这就要求几次拍摄均需严格控制相机的曝光参数与曝光时间，确保几张底片获得同样的曝光量，对底片进行显影时也需统一进行。修版时需处理好底片的接缝处，避免产生痕迹。这件《燕喜亭等四记题》照相复制品，充分地展现出照相复制技术在书法作品复制上的优势，即使今日看来，这件复制品依然令人惊艳。（图 5.109）

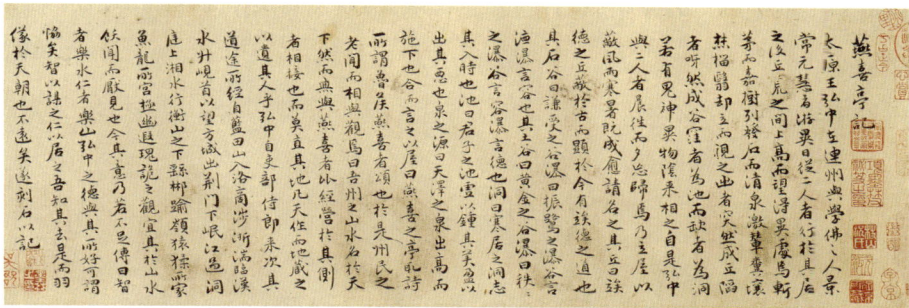

图 5.108　（明）祝允明《燕喜亭等四记题》原件（局部），故宫博物院藏

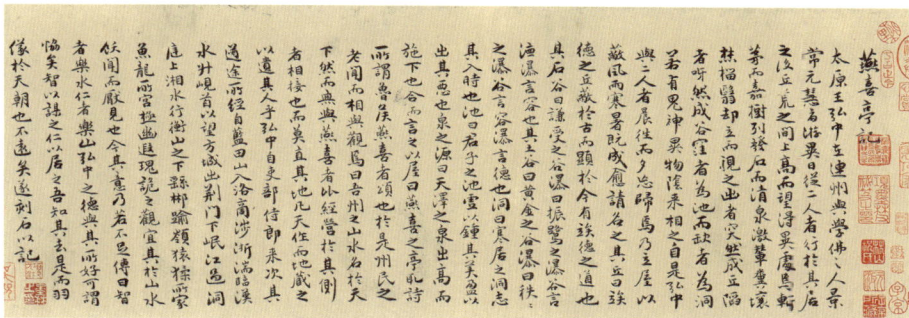

图 5.109　（明）祝允明《燕喜亭等四记题》复制品

三、数字喷绘复制案例

数字喷绘复制书画的工作大致可分为设备特征化、图像采集、数字图像文件的处理、承印材料的制作与特征化、复制品的喷绘输出五个步骤。本节将结合具体案例进行分析。

（一）《唐人伏羲女娲像单页》

20世纪以来，新疆阿斯塔纳地区出土了一批伏羲女娲像。这些画像一般绘于绢或麻布上，通常使用木钉钉于墓葬顶部，画面向下正对墓主人。画面为上宽下窄的倒梯形。画面基本内容均为伏羲女娲全身像，两个人物手臂相连或相交。伏羲左手持矩，女娲右手持规。不同的画像中，人物上半身的面貌装束各有差异，或紧衣短袖或宽袍大袖。而人物下身缠绕在一起，共着梯形白色短裙蛇尾相交。画面上下分别绘日月，画面两侧以星辰环饰。这些画像的出土地点虽然远离中原，但画面内容很明显是两汉以来伏羲女娲形象在新疆地区的演变和发展。故宫博物院所藏的两件伏羲女娲像文物于1963年调拨自新疆博物馆，入藏后装裱为镜片形式，因此文物馆藏系统中记录名称为"唐人伏羲女娲像单页"。应新疆博物馆的请求，故宫博物院对所藏两件唐人"伏羲女娲像"单页进行了复制以供展览使用。（图5.110、图5.111）

数字喷绘复制技术在保留画面历史信息（如水迹、霉迹、虫蛀、发黄等）方面，具有不可替代的优势。这两件《唐人伏羲女娲像单页》由于历史久远，虽然经过重新装裱，但画面上各种霉迹、泛黄、缺损依然清晰可见，这些痕迹承载着厚重的历史，是文物历史价值的重要组成部分。如果使用传统人工临摹的方式进行复制，面临着两大难题。首先，两件《唐人伏羲女娲像单页》均使用麻布绘制。这种麻布与通常使用的画绢的材质特征存在明显的差别，加之千年的岁月洗礼，画面呈现出斑驳深沉的气息。这种感觉是新制画绢无论如何也无法达到的。其次，对于人工临摹来说，画面中的缺损、泛黄等微妙的历史信息是难以通过传统的双钩填色的方式进行复制的。而人工临摹的这些短板恰恰是数字喷绘技术的优势所在，考虑到复制品主要用于展览，从使用目的的角度考虑，复制品与文物原件材质的一致性并非必要条件，因此决定使用宣纸作为复制材料，完成这两件文物的复制。使用宣纸作为承印物虽与原件的麻布存在材质差异，但高精度的数字喷绘却可以逼真地再现原件上的所有细节，甚至麻布的纹理特征，这种逼真的效果更加适合陈列展览的需求。

目前使用的数字喷绘设备无法喷打白色颜料，画面中所有的白色部分均使用留白的方式构成，即画面明度最高的部分即为纸张的颜色。伏羲女娲像

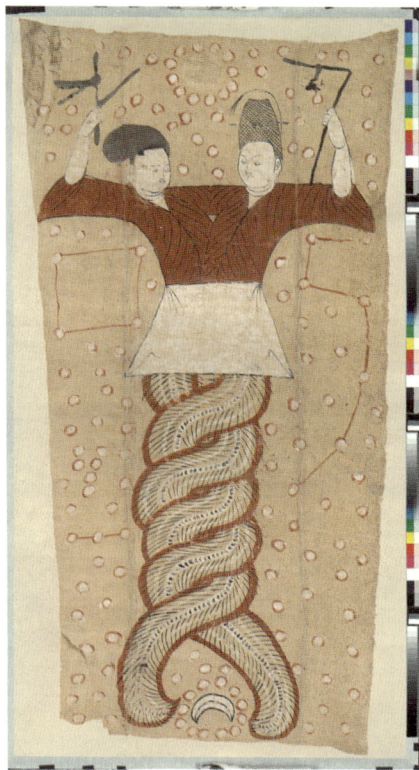

图 5.110　《唐人伏羲女娲像单页》原件 1，故宫博物院藏

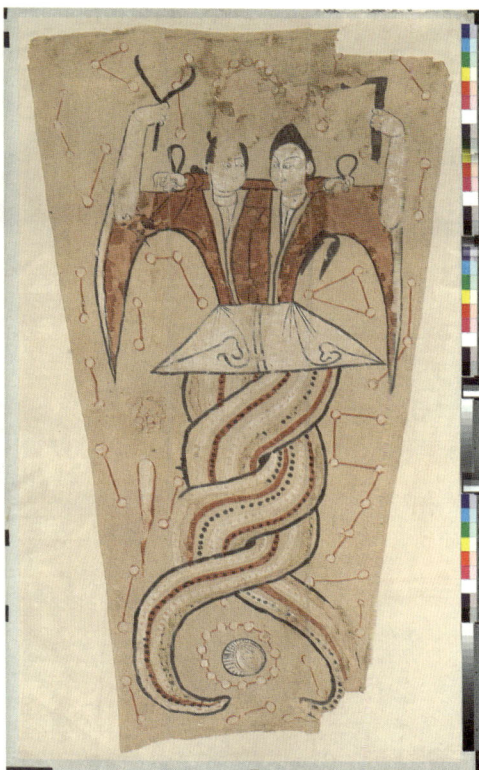

图 5.111　《唐人伏羲女娲像单页》原件 2，故宫博物院藏

　　原画上有不少区域是使用白色颜料进行绘制的，为保证复制品与文物原件的高仿真度，在选择复制介质时应尽可能挑选洁白的优质手工制宣纸作为复制用纸的纸基。生宣纸具有很强的吸水能力，因而可以展现出水墨晕散的独特艺术效果，但这一特性恰恰会影响喷绘机的微小墨滴在纸张表面的稳定性。为解决这一问题，需要在宣纸表面喷涂上一种特殊的涂层材料，确保喷绘墨滴的稳定性与准确的色彩还原能力。另外，由于单层宣纸质地柔软，在通过喷绘机送纸机构时极易发生褶皱卡纸现象。为此，需要使用一种质地较硬的机裱膜附于纸张背面，以确保喷绘送纸的平顺度。

　　这两件《唐人伏羲女娲像单页》规格分别为 118 厘米 ×206 厘米、118 厘米 ×235 厘米。由于复制用宣纸的尺寸限制，完成采集的图像文件后，需要使用图像处理软件将画面分割为三部分，分别进行喷绘输出。这一步骤需要尽可能将拼接缝留在画面相对次要的部分，并预留出血以便装裱时拼接上墙，最终的复制品完全按照原件的形式进行装裱。

受扫描光源影响，《唐人伏羲女娲像单页》的数字图像较原件会有微微偏红的现象，为解决这个问题，需要使用色彩调整工具人为提高青色的色彩比例，进而达到视觉上与文物原件相一致的色彩感觉。对数字文件的色彩调整完成后，可以通过显示器模拟喷绘输出的效果，即所谓的软打样（图5.112）。这样做可以预先判断即将喷绘打样的复制品是否符合要求。当然，最终评估复制品色彩是否准确，还是需要通过喷绘样张与文物原件进行对比实现。需要强调的是，喷绘样张与文物原件的比较需要在专门的标准光源下进

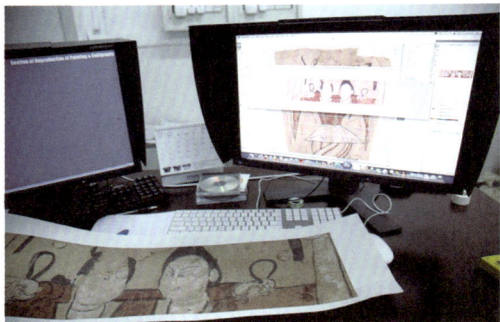

图 5.112　喷绘输出前，对复制品进行屏幕软打样

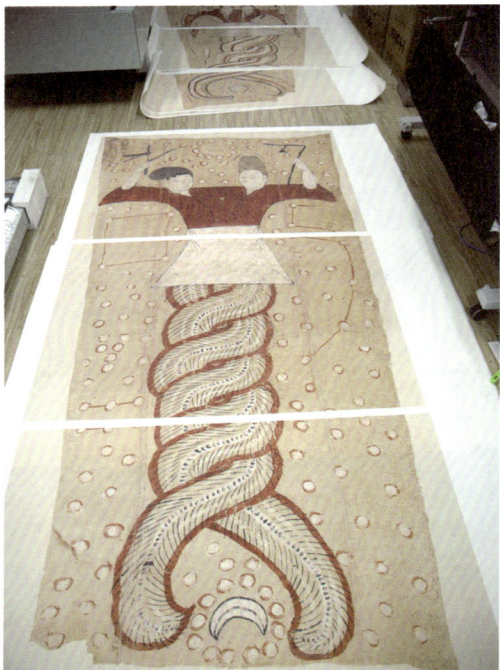

图 5.113　分三段输出的复制品

行。《唐人伏羲女娲像单页》的复制打样与文物原件共同放置于 D65 标准光源下进行比较评估。根据评估结果对数字图像进行微调，然后再次打样比较。这个过程反复几次，复制品的色彩与原件色彩可达到最大限度的匹配状态，在这一基础上就可以完成对《唐人伏羲女娲像单页》复制品的最终输出。（图 5.113）

中国的传统书画作品从来就有"三分画七分裱"的说法。复制品能否具有高仿真度，装裱是最后一个重要的环节。《唐人伏羲女娲像单页》复制品将按照原件的装裱款式，即装裱成镜片。因使用特制的喷绘用宣纸，复制品装裱时需揭去画件背后的带胶背纸，重新以宣纸进行覆背。复制品经过画心拼接、托命纸、上墙绷平、镶嵌绫边、覆背上墙等一系列工序后，即可完成

图 5.114　揭去复制品背后的带胶背纸

图 5.115　对三段画面进行拼接

图 5.116　为拼接后的复制品托命纸

图 5.117　托命纸后的复制品上墙绷平

整个复制品的装裱。（图 5.114—图 5.119）

　　这件《唐人伏羲女娲像单页》的复制没有拘泥于文物原件的麻布材料，而是大胆地使用其他材料进行代替，通过复制人员的不懈努力，最终仍达到了很好的复制效果，特别是使数字喷绘技术的优势得以充分施展，为这一类

图 5.118　依照文物原件样式镶绫边

图 5.119　托背纸后复制品再次上墙

型文物的复制做出了有益的尝试，积累了经验。数字技术为种类繁多的书画
文物的复制保护提供了更广阔的空间，如何灵活运用数字技术手段，提高复
制的品质，并将其合理应用于多种类型的文物复制保护当中是有待进一步研
究的课题。（图 5.120、图 5.121）

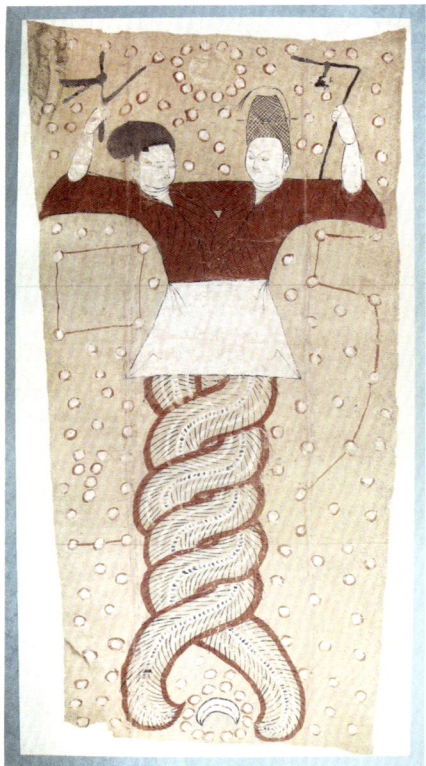

图 5.120　《唐人伏羲女娲像单页》复制品 1

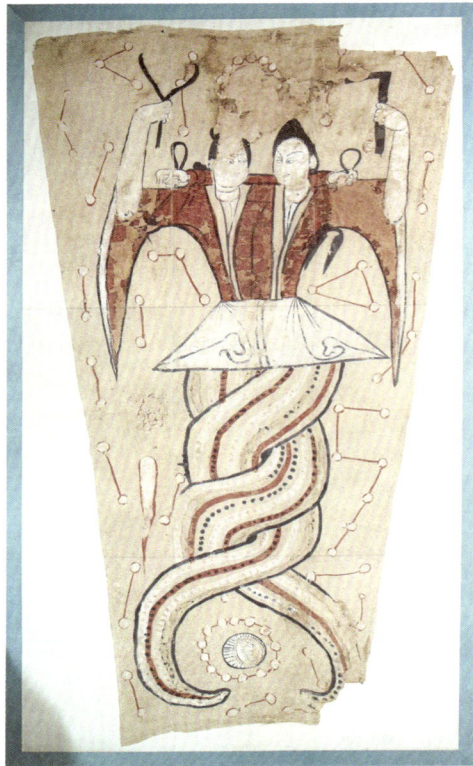

图 5.121　《唐人伏羲女娲像单页》复制品 2

（二）赵孟頫《人骑图》卷

赵孟頫的《人骑图》卷，纸本设色，全卷长 585 厘米，画心横 52 厘米，纵 30 厘米，描绘了一名红袍男子右手持鞭，左手握缰，骑于马背之上。人物马匹造型写实，颇受唐代画风影响。该作品作于元贞丙申岁（公元 1296 年），现收藏于故宫博物院，国家一级文物。（图 5.122）20 世纪 60 年代，故宫博物院修复工厂（现故宫文保科技部前身）使用照相复制技术对这件作品进行过复制，受当时技术条件的限制，现在重新审视，当年的复制品存在不少遗憾之处。为弥补照相复制复制品的不足之处，有必要对这件作品使用数字喷绘复制技术重新进行复制。

数字喷绘复制的一般工艺流程虽然比较固定，但针对不同类型的书画作品，复制时仍需根据作品的不同特点制定其专属的复制方案，唯有如此才能取得较好的复制效果。这件《人骑图》卷整体设色比较单纯，除人物红袍使用朱砂平涂外，其他部分以墨与赭石设色为主，颜料层比较薄且不包含数字喷绘不善表现的石青、石绿等矿物色。画卷包含多人的多段题跋，书体丰富多样，数字喷绘复制的优势正可以准确复制出上述画面与书法内容。

图 5.122 　（元）赵孟頫《人骑图》卷原件画心，故宫博物院藏

　　此外，通过观察可以发现，此件作品画心用纸质感与通常的宣纸有较大区别，质感表现更接近桑皮纸。宋代已经有桑皮纸生产，据历史文献记载，桑皮纸主要产于北方。桑树是落叶乔木，它的茎皮纤维韧长且有牢度，一般说来，分为家生桑和野生桑。家生桑有白桑、条桑、黑桑，叶都可以用作饲蚕，枝干皮作纸；野生桑如麻桑、小叶桑，多作造纸的原料。在造纸过程中，必须对桑皮进行反复洗涤，使桑皮浆自然"显白"。这种纸的纸质柔韧而薄，纤维交错均匀，色泽洁白，纹理美观，墨韵层次鲜明，轻薄软绵，拉力强，纸纹扯断如棉丝，所以又被称为"棉纸"，宜书宜画。① 结合作品时代进行分析，赵孟頫虽属于元代画家，但作为宋代皇室后裔的他主要生活在宋末元初，因此使用宋代桑皮纸进行绘画创作的可能性较高。

———————————

① 参见刘仁庆《古纸纸名研究与讨论之七宋代纸名》（下），《中华纸业》2017 年第 3 期，第 133 页。

　　受惠于喷绘技术的新发展，目前已经出现可以在无涂层承印物上进行直接喷绘的颜料墨水，这为使用更多种承印材料进行喷绘复制提供了条件。虽然无涂层材料更加多样，但其色域范围相对专用涂层材料确实比较狭窄，在使用时需评估是否可以较好地展现作品原有的色彩。选择承印物时，需取舍侧重承印物材料质感还是侧重喷绘色彩表现。因《人骑图》卷色彩较少，笔者选择了更接近原件材质的纸张进行复制。宋代桑皮纸已无从寻觅，因此笔者选取材料与其相似的现代手工纸——温州皮纸作为画心的承印材料。温州皮纸以桑皮为主要原料，曾亦被称为"白棉纸"，又叫"绵纸"，用以形容这种纸手感绵韧；也因为这种皮纸迎光而视能发觉其中纤维有光泽，似与丝棉相近，由此得名。温州皮纸的纸质绵韧，受墨有弹性，墨色深厚，韵味自然。①除了画心之外，笔者还将使用无涂层的花绫（图 5.123）、宣纸分别用于《人骑图》卷的题跋与裱工的复制，整件手卷的复制在保证较高质量的色彩表现的同时，将更侧重于承印物材料、装裱手法与文物原件的一致性。

　　根据已制定的复制方案，针对画卷的画心、题跋、裱工不同部分，复制时应分别选取温州皮纸、宣纸、白色花绫作为喷绘的承印物。这三种材料在使用前还需要使用宣纸进行托裱，以增加纸张和花绫的厚度，因为对于现有喷绘机的送纸机构来说，单层纸、绫过于纤薄柔软，很容易卷到送纸机构中造成褶皱卡纸。之所以使用宣纸进行托裱，是因为其与传统装裱使用的材料一致，便于后续对复制品进行传统装裱。托裱好的温州皮纸、宣纸与花绫具

图 5.123　使用无涂层花绫喷绘复制出的镶料样本

① 参见刘仁庆《近现代手工纸纸名辑录与览正之三现代纸名》（上），《中华纸业》2018年第 1 期，第 86 页。

有不同的色域范围，同样的墨水喷绘到不同的承印物上，可能会产生完全不同的颜色感受。在用于喷绘复制之前，需使用分光光度仪对其进行测量，从而制作出针对这三种材料各自的描述性 ICC 文件。通过色彩管理软件的处理，可以确保输出阶段以最优效果进行喷绘输出。

由于最终将使用三种承印物进行复制件的输出，因此扫描采集后的图像文件需使用图像处理软件将整个画卷的数字影像分割成三部分，并根据各自承印物的性质对图像进行不同程度的锐化处理与色彩调整。在进行喷绘输出前，可以通过显示器模拟输出的效果，即软打样。这样做可以预判喷绘输出是否符合要求。当然，最终的判断评估，还是需要通过喷绘样张与文物原件进行对比实现。需要强调的是，喷绘样张与文物原件的比较需要在标准光源下进行。这是因为喷绘墨水与书画使用的传统颜料具有不同的光谱特征，二者的颜色一致是基于"同色异谱"现象。所谓"同色异谱"，简而言之就是两个具有不同光谱特性的样品会产生相同颜色感觉的现象。这种相同颜色感觉的建立，对光源条件是有要求的。光源环境的变化可以使原本同色感觉的异谱颜色变得颜色感觉不再相同，因此只有在稳定的标准光源环境下才能对复制件与原件色彩是否一致进行评估，而不确定的光源环境会将颜色的对比

图 5.124 样张评估使用的标准光源

图 5.125 （元）赵孟頫《人骑图》复制件（局部）

评估引向歧途。（图 5.124）根据对复制品样张与原件的对比评估，进一步调整数字影像的文件，经过数次对比校正，在喷绘复制件的色彩与文物原件达到匹配的基础上，才能完成复制件最终的喷绘输出。

复制件喷绘输出后就可以交给装裱师进入装裱环节了。手卷装裱的第一步是托画心，因画心使用的纸、绫材料在喷绘输出前已经用宣纸托过，这时就不需要进行重复托心了。为了防止裱件在装裱过程中伸缩不一，以及便于旋削手卷，画心、题跋、镶料画绫需用胶矾水矾制并待干燥后上墙绷平。传统使用手工染制的花绫在托心、矾制时容易脱色，影响装裱效果，而使用数字喷绘复制的花绫则色牢度高，不会产生脱色的问题。准备好的画心、题跋、花绫材料还将进行方心、镶接、卷里、削修、撞边、覆褙、翻包首、上墙贴平、装杆等一系列手工装裱工序，最终完成这件数字喷绘复制的《人骑图》卷装裱工作。（图 5.125）

数字喷绘复制技术相较其他书画复制手段有着诸多优势，但也存在着一些局限性。随着技术发展的日新月异，一些相关技术的发展也会为数字喷绘复制技术的完善持续地提供动力。通过这件《人骑图》卷的复制，我们可以看到数字喷绘复制技术不断完善的可能，以及在中国书画复制领域，现代科技与传统手工技艺相结合的重要性。唯有紧随技术前进的脚步，同时不忽视传统技艺的价值，才能将书画的复制推向更高水平。

（三）张宗苍《云澜剑阁图》

张宗苍，字默存，江苏苏州人，在乾隆南巡时献画受到乾隆皇帝的青睐，随后进入宫廷，成为乾隆时期众多宫廷画师中的一员。张宗苍向乾隆献画时已66岁高龄，随后仅在宫廷中服务了大概4年的时间，但仅《石渠宝笈》初、续、三编中著录其作品就已超过百件。另据记载，他在众多宫廷画师中享有最高等级的薪俸，与余省、丁观鹏同列。① 从现存作品中也能发现乾隆皇帝经常在其作品上题诗。其中有一幅《画山水图》，乾隆皇帝在画面上先后题咏13次之多，可见对其画作的满意程度。张氏山水笔法苍劲，尤重气韵，乾隆甚至题诗"莫道山房无长物，宗苍画可匹倪黄"。认为张氏画作可与"元四家"当中的倪瓒、黄公望匹敌。本案例复制的《云澜剑阁图》画心尺寸横127厘米，纵196厘米，画心上端另装裱有诗堂。画面为典型的张氏山水，松木苍劲山石嶙峋，高楼中一红衣士人回首眺望远山，画面左上有乾隆御题诗一首，钤盖印章共16枚。（图5.126）

图 5.126 （清）张宗苍《云澜剑阁图》原件，故宫博物院藏

① 参见邱士华《神韵扑毫尖》，《收藏》2013年第9期，第31页。

张宗苍这件《云澜剑阁图》属于浅绛山水，笔法苍劲，难于使用双勾填色的方式进行复制。另外，这件作品历经 200 余年的岁月，虽然经过重新装裱，但画面上各种霉迹、泛黄、缺损依然清晰可见，这些痕迹承载着厚重的历史，是文物历史价值的重要组成部分。使用数字喷绘复制可以很好地展现出这些图像细节。为保证复制品与文物原件的高仿真度，复制承印物选择带有涂层的手工宣纸制作复制品。

张宗苍《云澜剑阁图》画心尺寸较大，图像扫描无法一次完成，而是分几次进行的，因此所获得的数字文件需要在图形工作站中进行拼接才能使用。由于复制用宣纸的边缘可能出现涂层涂刷不均匀的现象，编辑数字文件时也要尽可能让画面避开这些区域，以免影响最终的复制效果。受扫描光源影响，张宗苍《云澜剑阁图》的数字图像较原件会有微微偏红的现象，为解决这个问题，需要使用色彩调整工具人为提高青色的色彩比例，进而达到视觉上与文物原件相一致的色彩感觉。

完成输出的张宗苍《云澜剑阁图》复制品需按照文物原件的装裱品式装裱成立轴。因使用特制的喷绘用宣纸，复制品装裱时需揭去画件背后的带胶

图 5.127　装裱中的张宗苍《云澜剑阁图》复制件

背纸，重新以宣纸进行覆背。复制品经过画心拼接、托命纸、上墙绷平、镶嵌绫边、覆背上墙等一系列工序后，即可完成整个装裱工作。（图 5.127）

（四）古籍复制

古籍，顾名思义是指古代书籍，这里专指中国古代书籍文献。广义上的古籍文献包括陶器刻符、甲骨文、金文、石刻、简牍、帛书等多种形式。这里主要针对纸质古籍文献的复制保护展开论述。作为文明传承的主要载体，古籍文献记载着先人从古至今的各类成就与经历，哲学、科技、艺术、历史、文学、风俗无所不包。现代人无时无刻不在受益于这些古籍记录下的文明成就。也正因如此，我们才能站在前人的肩膀上向未来前行。

纸张因其价格相对低廉、重量轻、信息记录量大等诸多特点，在历史发展过程中逐步成为古籍文献的主要书写材料。如今提及古籍，人们最先想到的也是线装的纸质图书形式。纸张属于有机质，会随着时间的流逝老化消亡。描述古代书画寿命的俗语"纸寿千年，绢寿八百"同样适用于古籍文献。一些年代久远的古籍，纸张变黄变脆现象十分常见，再加上水泡、虫蛀、发霉等其他病害的影响，古籍的保护任务十分艰巨。很多古籍庋藏机构都将古籍文献制作成缩微胶卷或者采集成数字影像加以保存。这样虽然可以保存文献中的信息，但缺失去了古籍原有的形态。公众希望接近了解真实的古籍文献，这必定与脆弱古籍的保护形成一种矛盾。为更好地实现博物馆、图书馆在保护文物前提下的展示、教育功能，古籍的复制成为当下最好的选择。这种做法一方面保护了珍贵古籍，另一方面又能让更多人接触了解到它们，可谓两全其美。

书籍作为文化传播的重要工具，本身就有被复制的属性。历史上很多手抄本文献，就是靠人工誊写的方式传播的。而雕版或活字印刷术本质上就是一种效率更高的复制方式。上述这些复制主要针对文字信息，这里所论及的复制是要全面复制古籍的各个要素，从内容到形式，甚至使用材料都力求与古籍原件尽可能保持一致。数字喷绘复制技术目前已经广泛应用于各类书画的高仿真复制，将其用于古籍文献的复制是有很多经验可供借鉴的。

对于一般类型的书画原件来说,使用大幅面平台式扫描仪是十分合适的。书画原件可以被平整地吸附到扫描平台上。但古籍文献大多装订成册,无法在扫描平台上展平,这就给图像的扫描采集带来不便。为此图像设备厂商也设计出一些专门用于书籍扫描的配件。(图5.128、图5.129)但这些配件的设计基本是以西方书籍为设计对象,对于更为脆弱的中式线装古籍考虑较少,因此使用时需要格外小心,以免对珍贵的古籍造成损伤。考虑到古籍原件的安全,笔者在对《帝鉴图说》《大清宣统元年时宪书》《禹贡》《良言》等古籍进行图像采集时仅使用磁铁压条对古籍进行固定,这样可以尽可能避免对古籍原件的扰动。(图5.130)不过这样做必定会影响图像的采集质量,需要在数字图像文件编辑阶段进行矫正。此外,由于一些古籍使用的纸张较薄,在对折装订后背面的字迹会透过来对扫描部分造成影响。这时需要使用质地柔软的白色宣纸插入两页之间阻挡背面的字迹辅助图像采集。(图5.131)

图 5.128　大幅面扫描仪的书籍扫描配件（打开状态）

图 5.129　大幅面扫描仪的书籍扫描配件（关闭压平状态）

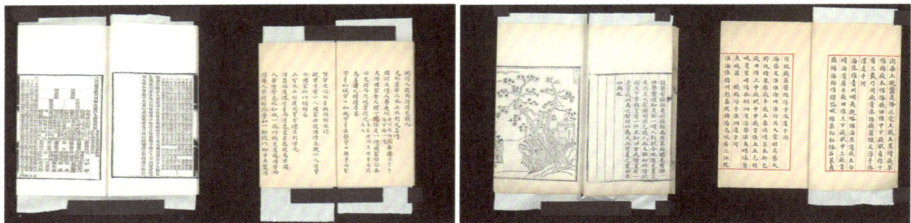

图 5.130　使用磁铁压条对古籍进行固定扫描

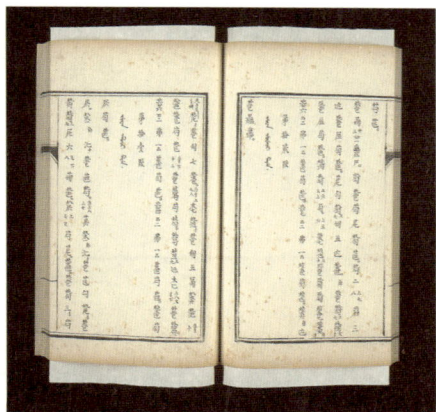

图 5.131　使用宣纸插入书页之间

古籍文献使用的纸张种类多样，比如竹纸类的毛边纸、毛太纸、开化纸、连史纸，或者楮皮纸、高丽纸、桑皮纸、白麻纸、黄麻纸，甚至晚清还会使用机制纸。复制古籍理想的情况是尽可能选择与古籍原件所用纸张质地一致或较为接近的纸张材料。但在实际操作中，很多纸张种类如今已难觅踪影。选择复制承印物时，有两种策略可供选择：一是如果优先考虑古籍复制品的色彩准确度、图像的精细度，可以使用质地较薄并带有涂层的喷绘专用宣纸。根据以往的复制经验，选用传统手工方法制作的宣纸作为复制材料可以获得良好的复制效果。主要是因为传统宣纸具有纤维长韧性好、吸墨性强、纸张均匀洁白、易于长久保存等优点。当然选择时也需仔细区分宣纸的细分种类与抄制厚度的区别，以求最大限度地接近古籍原件的质感。但这种涂层宣纸的材料质感与古籍常用的竹纸类纸张仍然存在区别。二是如果优先考虑古籍复制品与原件材料的一致性，可以采用一些现有的竹纤维纸张，这些纸张从材料厚度与质感上更加接近古籍原件。问题是这种纸张一般没有喷绘涂层，喷绘输出时需采用可用于无涂层材料喷绘的特殊墨水，即便如此，无涂层纸张的色彩还原程度与图像精度与涂层宣纸相比仍然稍逊一筹，这就要根据实际的古籍复制要求进行取舍。

古籍的数字文件编辑相较书画类文物来说需要处理的问题比较多。首先基于古籍保护的目的，在古籍数字图像采集阶段不能将古籍完全压平进行扫描。因此采集到的数字图像不但书脊处会产生阴影，而且会出现由于翻动书页产生的形变。这些问题均要在数字文件的编辑处理阶段予以矫正。其次，由于古籍已经装订完成，扫描时无法扫描到靠近书脊的部分，有些古籍甚至难以扫到版框栏线。还有一些古籍历经岁月洗礼，书页边角难免有所缺损，导致书页展开后无法直接拼合，这些缺失的部分也需要使用图像处理软件进行修补。再次，根据复制要求不同，有些古籍需要保留书页中泛黄、霉迹、水渍等历史信息，而另一些仅保留印刷文字，这就需要将文字以外的部分悉数去除，最终才能获得整洁的古籍内页。最后，与复制书画文物一样也需注意校正受扫描光源影响图像产生的偏红现象。（图 5.132）

图 5.132　矫正拼合后的古籍内页

　　喷绘输出的古籍复制品需按原件式样进行折叠裁切（图 5.133、图 5.134），再按照原件顺序将封面、内页、封底装订成册。装订后的古籍复制品会再进行一次裁切，从而确保书口的平整。裁切后的书口会显得过新而影响仿真程度，需选用赭石、藤黄、花青、墨汁等传统国画颜料对书口进行染色做旧。染色时要对照古籍原件，尽可能接近原件书口的变色状态，同时要注意控制颜色水分，以免水分过多渗入内页污染其他区域。

图 5.133　比照古籍对复制品进行折叠　　图 5.134　对古籍复制品进行裁切

　　复制出的古籍文献既可以作为古籍原件的替身进行长期展览，也可以作为研究资料供学者使用。在数字技术的助力下，珍贵古籍不但避免了展览使用过程中造成的扰动，同时古籍文献所记录的信息可以被更多人所了解，被更多学者所应用，从而推动相关教育、展示、研究的发展，这不能不说是数字喷绘复制技术给我们带来的又一件礼物。（图 5.135）

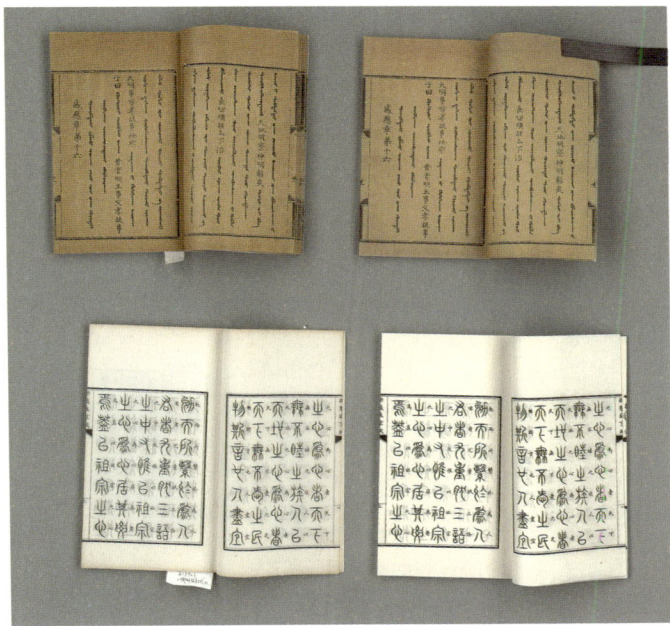

图 5.135　数字喷绘复制的《蒙汉孝经》《御制盛京赋》与原件对照图（右侧为复制件）

（五）近现代档案复制

根据《中华人民共和国档案法》的定义，档案为过去和现在的国家机构、社会组织以及个人从事政治、军事、经济、科学、技术、文化、宗教等活动直接形成的对国家和社会有保存价值的各种文字、图表、声像等不同形式的历史记录。广义上而言，陶器刻符、甲骨文、金文、石刻、简牍、帛书均符合档案文物的属性，但通常来说，档案大多表现为平面形式，即以各类纸张为记载材料，以文字或图像为主要记录形式。这些档案文物记载着先人的各类成就与经历，哲学、科技、艺术、历史、文学、风俗等无所不包。同时，各类档案中的文字与图像的书写和绘制方法各异，古代档案很多用毛笔书写和绘制，近现代档案则使用钢笔、圆珠笔、铅笔甚至直接印刷图文。各种档案所采用的纸张材料也是五花八门，古代纸张、近代手工纸、机制纸均有使用。数字喷绘复制技术为各类档案的复制提供了技术手段，使其不但能够流传后世，同时也让更多人有机会去利用这些档案，发挥其更大的价值。

档案所涵盖的范围比之前讨论的古籍更加丰富，对于其中古代档案的复制，很多情况可以参考书法、古籍的相关复制方法。本案例中着重讨论近现代档案的复制。近现代档案与古代档案最主要的区别表现在两个方面：一是使用材料，二是制作手段。近现代档案所使用材料虽然仍以纸张为主，但纸张种类繁多、质感多样，而且很多是机制纸。古代档案的制作手段比较单一，毛笔手写和雕版印刷占主体，而近现代档案产生方式更加多样，很多档案是在印刷后的纸张上再进行书写，笔迹种类也不限于毛笔、钢笔、铅笔、圆珠笔不一而足。这些都为近现代档案的复制提出了更高的要求和更多的挑战。数字喷绘复制因其自身的特点在近现代档案复制中具有无可取代的优势，微小的墨滴、丰富的色彩可以模拟多种笔迹和印刷效果。

想要获得逼真的复制效果，需寻找与档案原件相似的纸张。复制前需要对这些纸张进行加工，比如，对于过薄过软的纸张要进行托裱，使其可以在喷绘机中正常运行。除此之外还要对纸张进行测量，以获取其色域范围和相应的 ICC 文件，复制时使用色彩管理软件对档案进行复制输出。对于多数无涂层的纸张还需使用可用于无涂层材料喷绘的专用墨水，以获得稳定的复制

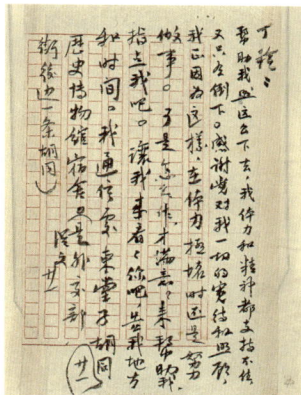

图 5.136　刘白羽书信复制品　　图 5.137　丁玲书信复制品

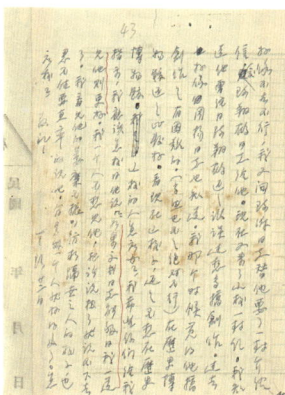

效果。笔者曾使用无涂层的竹纸，按照上述程序复制刘白羽书信（图 5.136）及丁玲书信（图 5.137）取得了较好的复制效果。其他具有类似特点的近现代档案也可利用上述手段进行复制。

四、综合复制案例

书画综合复制技术是指综合运用多种现有书画复制技术及书画装裱技艺，利用不同技术的优势回避单项技术的不足，扬长避短地实现书画复制品图像细节与材料质感高度接近书画原件的复制手法。综合复制需要根据不同的复制对象制定相应的复制方案，并没有一个一成不变的复制方式，因此下文将较为详细地讨论不同案例的综合复制方法。

（一）宋金银书《妙法莲华经》

宋金银书《妙法莲华经》，于北宋庆历四年（公元 1044 年）在今四川西充县书写和绘制，是极为珍贵的国宝级文物。该经于 1986 年被国家文物鉴定委员会的专家发现，并于 1987 年 3 月在启功先生主持的鉴赏会上，被与会专家鉴定为国家一级文物。整部经书共分七卷，分藏于山东即墨博物馆和山东胶县博物馆。其中第一、二、三、四、五、七卷藏于即墨博物馆（图 5.138），

图 5.138　宋金银书《妙法莲华经》原件，山东即墨博物馆藏

第六卷藏于胶县博物馆。2019 年，应即墨博物馆的请求，故宫博物院对其所藏六卷经卷开展了系统的修复、复制保护工作。

这部金银书《妙法莲华经》材质特殊，如果使用人工临摹的方式进行复制，有两个问题难以解决：首先，整部经使用碧纸，也称磁青纸进行书写。这种纸张显现出一种很深的藏蓝色，加之将近千年的岁月洗礼，纸张呈现出斑驳深沉的气息。这种感觉是新染纸张无论如何也无法达到的。即便是明代洪熙元年的补纸与原纸依然存在着巨大的质感差异。（图 5.139）其次，对于人工临摹来说，书法作品的摹制从来都是一个难题。双勾填色的方式很容易将字摹得很僵硬，失去了原本流畅贯气的感觉；而对临又无法保证与原作一致的准确结体。经卷中明代后修补的字体就与宋代的文字有着明显的区别。（图 5.140）

如果使用数字喷绘复制技术进行复制，无疑可以保证磁青纸的色彩还原与质感表现，以及准确再现写经书法的结体气韵，但整部经书使用泥金、泥银进行书写，其中"凡经名及菩萨、如来、世尊诸佛等名皆为金书"，[1] 经变画中的"如来、梵王、天王、菩萨等为金面，余为银面"。[2] 目前数字喷绘复

---

① 青岛市文物管理委员会：《青岛发现北宋金银书〈妙法莲华经〉》，《文物》1988 年第 8 期，第 71 页。
② 同上书，第 72 页。

图 5.139　明代补纸与宋代原纸的差异（浅色为明代补纸）

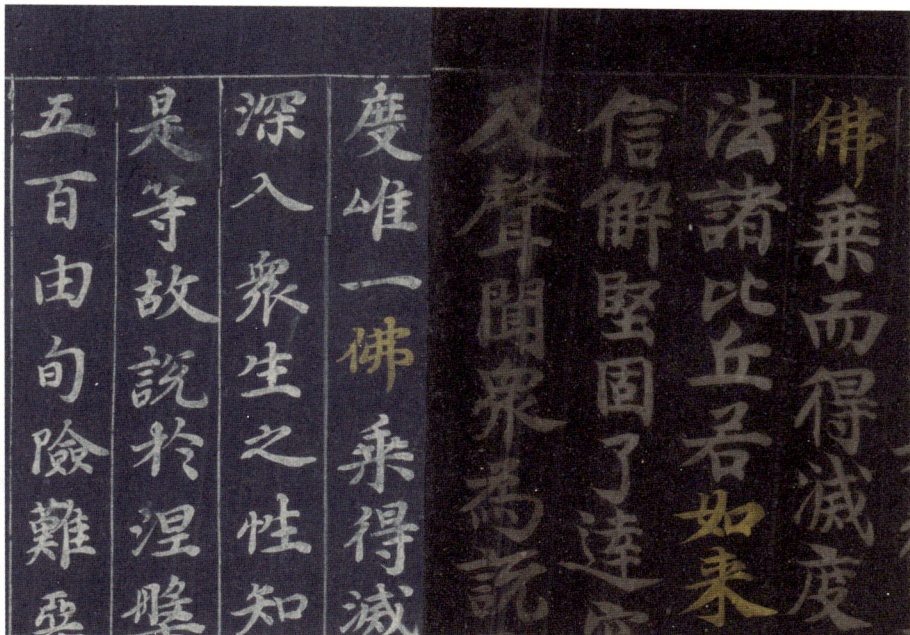

图 5.140　明代后补字体与宋代文字的差异

制技术复制书画一般使用大幅面数字喷绘机进行复制品的打印输出，这种设备的基本原理与日常使用的喷墨打印机相同，即通过几种基本颜色的微小墨滴组合排列再现出各种色彩。这就意味着用数字技术制作的复制品无法表现出泥金、泥银的金属光泽。

　　正是出于上述的原因，单独使用任何复制方法都无法高品质地完成对金银书《妙法莲华经》的复制，这就促使数字喷绘复制技术与人工临摹复制技术两种技术从各自独立运用走向互相补充、相互协作的协同工作。对这部金银书《妙法莲华经》的基本复制思路是，使用数字技术准确还原出磁青纸的色彩，包括纸张上开裂、水渍等细小变化，力求最大限度地完整保留文物的历史信息；同时完成包括经书文字、经变画、银丝栏的同步复制输出；在此基础上，通过人工临摹的方式，将与文物原件相同的泥金、泥银摹制于数字复制完成的经卷稿本之上，最大限度地使复制品从质感、色彩、材料等多方面接近文物原件。

本次复制的《妙法莲华经》使用规格为纵 30.5—31 厘米、横 51—52 厘米的磁青纸拼接而成，各卷用纸 16.5—25 张不等。完成采集的图像文件后，需要使用图像处理软件将装裱成卷的图像按照其拼接边缘分割为单张图像，并预留出血以便装裱时拼接上墙，最终的复制品完全按照原件的形式进行装裱。

受技术限制，目前的数字设备普遍在蓝色及青色的色彩再现上存在着一些缺陷。在《妙法莲华经》复制品中表现为磁青纸藏蓝色响应乏力，颜色更接近于黑色而不是蓝色。为解决这个问题，需要使用色彩调整工具人为提高蓝色的色彩比例，本质上是使用输出设备色域内的颜色替换掉超出色域的部分，进而达到视觉上与文物原件相一致的色彩感觉。

色彩深沉静谧的磁青纸上，以金银书写庄严肃穆的佛教经典是这部《妙法莲华经》最显著的艺术特色，因此在制作复制品时必须尽可能地再现这种艺术效果。通过采用人工临摹的方法，使用真金、真银加胶研磨而成的泥金、泥银进行书写，可以传神地再现文物原件所具有的庄严、神圣的艺术效果。上文中已经提到，人工临摹的复制方法在摹字时有所欠缺，而从摹制工序的方面考虑，传统的临摹工序对于《妙法莲华经》的复制也有明显的不适用之处。在传统的摹字工序中，首先要将需复制的文字勾描成正稿，然后在其反面用铅笔勾描文字，再将铅笔的痕迹拷贝到复制用的纸上，最后进行落墨复制。如果复制用纸颜色较浅，拷贝其上的铅笔痕迹会比较清晰；对于深色的磁青纸，铅笔痕迹与底色十分接近，不易进行辨别落墨。而使用数字喷绘制作的复制品为底稿，就如同描红一样，在其上面进行金银泥摹制不但省去了人工过稿的工序，而且确保了摹制更加准确快捷。

完成输出的《妙法莲华经》复制品按照文物原件的装裱款式装裱成卷。因使用特制的喷绘用宣纸，复制品装裱时需揭去画件背后的带胶背纸，重新以宣纸进行覆背，并对人工摹制的金银泥进行加固处理，以免在装裱过程中脱落。复制品经过上墙绷平、覆背砑装、镶嵌绫锦包首、加装天地杆、穿丝绳系八宝带、

挂别子、贴签条等一系列工序后，即完成了整个装裱工作。（图 5.141）

　　这件宋金银书《妙法莲华经》的复制品虽然没有采用与文物原件完全一致的磁青纸进行复制，但通过复制人员的不懈努力，最终仍达到了很好的复制效果。（图 5.142）特别是使用数字喷绘与人工临摹相结合的综合复制技术进行复制，将两种复制技术的优势相结合，并回避其各自劣势，具有一定的工艺创新性，为多种复制方法相结合做出了有益的尝试，积累了经验。对于种类繁多的书画文物，不同的复制手段各具优势，如何综合运用多种技术手段提高书画复制的品质，是有待进一步研究的课题。

图 5.141　原件与复制品一同装裱上墙（第三排为复制品）

图 5.142　宋金银书《妙法莲华经》复制品

（二）四明本《西岳华山庙碑拓片》

西岳华山庙碑为汉桓帝延熹四年（公元 161 年）弘农太守袁逢所立。随后因其迁京兆尹，延熹八年（公元 165 年）由后任太守孙璆最终将此碑完成。朱家濂先生曾撰文指出该碑高七尺七寸，宽三尺六寸，二十二行，每行三十七个字。碑文记述先秦至东汉历代祭山的情况，也记述了重修西岳华山庙的经过。碑上篆额题"西岳华山庙碑"六字。据记载此碑毁于明嘉靖三十四年（公元 1555 年）的关中大地震。随着书体的发展，隶书发展至东汉已经日臻完美。华山庙碑作为汉碑成熟期最具代表性的作品历来受到世人的重视。如清代著名学者朱彝尊说："汉隶凡三种，一种方整：鸿都石经、尹宙、鲁峻、武荣、郑固、衡方、刘熊、白石神君诸碑是已；一种流丽：韩敕、曹全、史晨、乙瑛、张表、张迁诸碑是已；一种奇古：夏承、戚伯著诸碑是已。惟延熹华岳碑正变乖合，靡所不有，兼三者之长，当为汉碑第一。"对华山庙碑的推崇可见一斑。

因原碑在明代就已损毁，是故流传后世的拓本极少，也极其珍贵。据目前所知仅有四明本、长垣本、华阴本、顺德本四种。其中因顺德本拓片碑文缺少两页，有人称其为"半本"。相较其余拓本，四明本虽然拓期最晚，但却是唯一整张未剪的拓本（其余三本均已剪裁装裱成册）。仰赖四明本（图5.143）今人仍可窥得原碑之全貌，不能不说是一种幸运。从这个角度说，此作文物被定级为最高级"一级甲等"是有充分道理的。应华山风景名胜区管理委员会的请求，故宫博物院对所藏四明本《西岳华山庙碑拓片》进行了复制，以使这件承载着西岳庙文化根基的瑰宝能被更多人了解和分享。

所谓拓片，即使用打刷、拓包等专用工具将碑碣石刻或文物纹饰拓印到宣纸上的作品。历史上，传拓技术在多种文物的保护传播方面都发挥过重要的作用。以现今的观念解读，传拓实际上是一种限量版画的制作过程，只不过这种特殊版画的母版是碑碣或文物本身。随着文物的破损消亡，保存了文物早期完整信息的拓片转而成为了珍贵的文物或艺术品。《西岳华山庙碑拓片》即是这种情况的典型例证。

因拓片具有限量版画的性质，在母版损毁的条件下想再次准确地复制出拓片的所有细节，单纯依靠传统人工临摹是难以完成的。数字喷绘复制极大

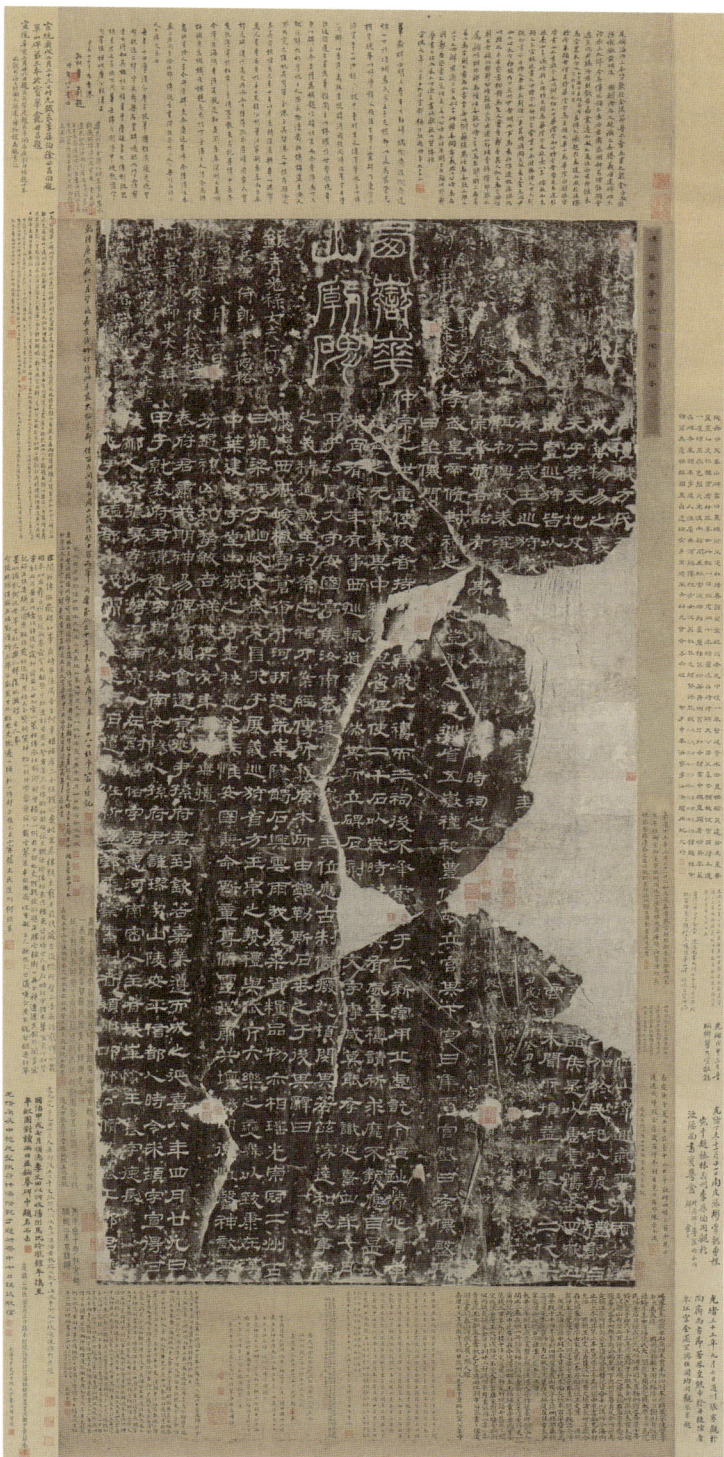

图 5.143 四明本《西岳华山庙碑拓片》原件，故宫博物院藏

地扩展了书画复制种类，使水墨写意画和书法作品的复制成为可能，并真正做到了对书画原件高精度的再现。特别是在保留文物表面历史信息（如水迹、霉迹、虫蛀、发黄等）方面，具有不可替代的优势。这一优势使我们以数字喷绘的方式复制四明本《西岳华山庙碑拓片》成为可能。

这件四明本《西岳华山庙碑拓片》历史久远，经过数次重新装裱，除拓片本身外，旧裱镶料上有阮元、翁方纲、翁树铭、成亲王、何绍基等人的题跋十六段；张鉴、张岳崧、钱泳、李瑞清、陈宝琛等观款六十家；阮元、翁方纲、英和等印章三十五方。画面上各种霉迹、泛黄、缺损依然清晰可见，这些痕迹承载着厚重的历史，是文物历史价值的重要组成部分。传统的人工临摹通常使用双勾填墨的方法复制书法作品，这种方法复制的文字难免有僵硬生涩之感，对于书体多样的各类题跋、观款更是难以达到理想的复制效果。另外，对于人工临摹来说，画面中的缺损、泛黄等微妙的历史信息是难以通过传统的双勾填色的方式进行复制的，而这正是数字喷绘技术的优势所在。根据观款、题跋原样复制的要求，复制时应优先再现文物原件的历史信息，因此放弃使用原件的绫料，转而使用宣纸作为观款、题跋部位的复制材料。使用宣纸作为承印物虽与原件的绫料存在材质差异，但高精度的数字喷绘却可以更逼真地再现文物原件上的所有细节，甚至包括水痕、霉迹等微观特征，再现这种逼真的效果更加符合复制要求。

本案例复制的这件四明本《西岳华山庙碑拓片》画心规格横 114 厘米，纵 239 厘米。其中既包括拓片本身，也包括旧裱镶料的题跋与观款。为使复制品与文物原件高度一致，完成采集的拓片图像文件需要使用图像处理软件将画面沿着镶料接缝分割为七个部分。对纸本拓片部分与题跋部分的图像调整应各有侧重：拓片本身适当增加对比度与锐度使拓片文字更加精神；镶料题跋部分因使用宣纸模拟绫料的效果，需注意校正受扫描光源影响而偏红的现象。完成调整后，各部分分别进行喷绘输出。因画面中包含数方骑缝印章，为避免装裱后有可能产生的轻微位移，图像编辑时需将这些骑缝印章修图去除，待画心拼接后再使用复制印章进行钤盖。这样不但能确保印章位置的准确，而且能更加原汁原味地反映出文物原件的细节风貌。

　　四明本《西岳华山庙碑拓片》复制品按照文物原件的装裱款式，装裱成立轴。因使用特制的喷绘用宣纸，复制品装裱时需揭去画件背后的背纸，然后将拓片与题跋观款部分按原样进行拼接。（图5.144）拼接完成后，使用复制出的骑缝印在原有位置进行钤盖。（图5.145）随后，整张裱件重新以宣纸进行覆背；复制品经过上墙绷平、镶嵌绫边、覆背上墙等一系列工序后，即完成整个装裱工作。

图 5.144　拼接后的拓片复制品

图 5.145　在原位置钤盖骑缝印

这件四明本《西岳华山庙碑拓片》复制品的观款与题跋部分虽然使用宣纸进行替代，但数字喷绘高精度、高保真的优势却得以充分体现，最大限度再现了文物原件的历史信息，结合传统的印章复制与钤盖，最终达到了令人满意的复制效果。对于拓片类文物的复制，本案例不失为一次成功的尝试。历史上拓片作为碑碣或文物的分身，为文明的传播与延续发挥了巨大的作用。在数字时代里，通过综合复制技术，《西岳华山庙碑拓片》以高精度复制品的面目为更多人所分享，这不能不说是拓片价值的最大体现。

（三）元人《碧山绀宇图页》

《碧山绀宇图页》画心纵 29.7 厘米，横 30.2 厘米，是故宫博物院收藏的《宋人名流集藻册》中的一开。该图页绢本重彩设色，绘制了峻秀山峰脚下文士们在茅亭中雅集的场景。画面中，一道瀑布从山峰间倾泻而下，远山间红色屋宇隐约可见。画心对题为月白色蜡笺纸，其上乾隆亲笔御书御制诗："伯氏驰千里，仲犹希远称。二难踪已绝，一幅迹看仍。笠宇剧谈客，莲宫入定僧。其间劳与逸，问孰辨淄渑。"画心钤有"乾隆御览之宝"，另有一方朱文方印模糊不清。册页折页处钤有"古稀天子""八征耄念之宝""太上皇帝之宝"三方鉴藏印，对题蜡笺纸钤有"绘月有色水有声""涵养用敬"等共计七方印章。（图 5.146）册页右上角有"赵伯骕碧山绀宇"题签。

图 5.146 《碧山绀宇图页》原件，故宫博物院藏

本幅图页藏品登记名为"元人碧山绀宇图页"，可见所谓赵伯骕碧山绀宇的说法并不可信。正因如此，本幅图页很少有展出与利用的机会，更不曾制作过复制品。图页画心部分保存状态并不十分理想，画绢因老化，颜色已十分暗陈，绢面破损，主体的石绿颜色多有脱落，许多画面细节模糊不清，画面已失去原有神采。对于保存状况良好、画面清晰完整的书画原件，复制的目标通常是如实地复制出书画的现有状况。而对于保存状况不佳的书画，对其进行复制时，需要在有切实依据支撑的情况下尽可能恢复其原有风貌，否则随着时间的流逝，书画的状况可能进一步恶化，届时有可能失去推测其原貌的切实证据。对于这件《碧山绀宇图页》，复制的目标在于以现有画面为依据，恢复其作品原貌，是一种带有推测与研究性质的复原复制，因此复制方案的确定也需要遵循这个目标进行制定。这件《碧山绀宇图页》对题部分与整个册页的装裱部分应是清乾隆年间完成的，因时间相对较晚而保存完整。画心部分因年代更加久远，保存状况不佳，拟在复制过程中对这一部分进行复原。目前主流的复制方法中，数字喷绘技术有着精度高、流程少、速度快等诸多优势，对册页对题的复制可以采用这种方式。遗憾的是，数字复制的高精度是基于对现有画面的高精度扫描采集为前提的，而《碧山绀宇图页》的画心许多细节已经漫漶不清，唯有通过经验丰富的摹画师对每个模糊的细节进行专门辨别才能开展复制。因此，对于画心部分将采用最传统的人工临摹方式进行复制。这样可以最大限度发挥两种复制方法的各自优势，达到最佳的复制效果。

人工临摹复制是最传统的书画复制方式，它的历史几乎和中国书画的历史同样久远。在现代复制技术日新月异的背景下，这种古老的复制手段似乎显得有些过时，但实际上，人工临摹复制目前仍然是使用与原作同样的材料同样的制作方式进行复制的唯一手段。如果说对于书法与写意类作品的复制，人工临摹显得复制准确度稍有不足的话，那么对于工笔重彩的复制，可以说正是人工临摹最具优势的领域。

复制之前，需仔细研读原作画面，目的是熟悉画面的绘画特点，构思具体的复制细节，对于这件《碧山绀宇图页》还需要对漫漶不清处专门花费精力进行识别，尽可能避开绢面破损和颜料脱落带来的干扰，推敲其原笔原意。唯有如此，才能获得较好的复原效果。为达到逼真的复制效果，在研读画面的基础上，还需选择与原作质地相近的画绢进行染色矾制。原作画绢因年久老化而呈深褐色，复制用画绢需以此为根据将颜色调整为更浅的同色相色彩，以此复原画面原本的面貌。染色后的画绢需以骨胶明矾的混合液进行数次矾制以备使用。《碧山绀宇图页》的画面色彩以大面积的赭石与石绿为主色调，穿插以小面积的石青与朱砂。上色过程要循序渐进，所有的颜色不可一次染够，要使用较淡的色彩分数次染色，以达到均匀沉稳的效果。出于复原的目的，原作中缺损和颜色脱落严重的部分在复制中要予以恢复，即所谓的"残破不做"。但在整体颜色渲染完成后，仍需使用水冲法对画面进行适当的做旧处理。做旧时，将画面倾斜在水槽中并用热水进行冲洗，与此同时，使用毛笔摩擦相应位置，使部分浮色脱落，（图5.147）最终获得色彩沉稳协调、画意完整的复制效果。

图页对题的材料是月白色蜡笺纸。蜡笺纸是一种蜡质涂布纸，纸张涂布蜡后能使表面光滑，能增加抗水性，并有防虫作用。由于国力强盛，清乾隆时期的御笔贴落很多都使用蜡笺纸进行书写。随着清朝国力的衰落，这种纸张的生产逐步减少，并最终退出了历史舞台。如今清宫蜡笺纸制作的具体工艺已不可考，想制作同样的蜡笺纸用于复制十分困难。笔者曾使用数字喷绘技术复制过用于豆青色蜡笺纸的补配材料，取得了很好的复制效果。《碧山绀宇图页》对题复制也将采用这种方式。除了复制出蜡笺纸的颜色，乾隆的御笔书法也将同时复制出来。为表现出蜡笺纸的质感，还需要将川蜡涂布在砑石上，对照蜡笺纸的蜡层效果在复制出的对题表面进行砑光。（图5.148）

画心与对题复制好后，需参照图页原有样式尺寸装裱成对开册页。册页装裱好后还需要历时数月的压平才可进行最终的印章钤盖。这件册页在最开始的方案制定时，就确定了复制印章进行钤盖的方式。这主要是基于两方面的考虑，首先是数字喷绘复制印章时存在欠缺。数字复制的基本原理决定了可以高精度地再现印章的图像细节，但真实的印泥是混合有朱砂、艾绒、蓖麻油等多种材料的，钤盖后会产生特有的质感，这是喷绘墨水无法表现的。其次，这件册页作品中的印章分别钤盖在绢本画心、蜡笺纸、册页绫子镶料

图 5.147 使用水冲法对画面进行适当的做旧处理

图 5.148 对题画面施蜡砑光

几个不同位置，还涉及骑缝印。即便使用数字喷绘复制出其中一部分，仍然无法完全解决所有印章的复制，只会使问题更加复杂。唯有将印章复制出来，使用印泥进行钤盖才可以解决这个问题。

复制印章时，需使用图像处理软件从图页高清扫描文件中提取印文，在软件辅助下，对印文的提取相较传统的人工方式更加准确与快捷。提取出的印文经过 3D 建模软件制作成印章的 3D 模型，输入 3D 打

图 5.149　使用 3D 打印机对印章进行打印

印机中，就可以完成印章的复制输出了。（图 5.149）这种印章由树脂材料制成，虽然强度不如传统的石质、铜制印章，但也可以满足一定次数的钤盖需求。印章损坏后，如有需要，还可以再次打印输出。根据原件的印泥色彩，选用不同印泥完成印章的钤盖，可以极大地提升复制品的品质与逼真程度。（图 5.150）

图 5.150　《碧山绀宇图页》复制品

（四）朱玉《龙宫水府图页》

传为元代画家朱玉所绘的《龙宫水府图页》画心纵25.5厘米，横23.8厘米，是故宫博物院收藏的宋元宝绘册其中的一开，国家一级文物。该册页为绢本设色，描绘了唐代传奇《柳毅传》中洞庭龙女出嫁后遭丈夫与公婆虐待，书生柳毅为其传送家书至洞庭龙宫的情节。册页画心钤印章六枚："朱氏看璧""乾隆鉴赏""嘉庆鉴赏"三枚钤于画心左上方，右侧边缘钤有"三希堂精鉴玺""宜子孙"两枚骑缝印章，画面右下角另有一枚印章，但印文已无法辨识。画心左上有"元朱君璧"题签。该册页将经纸反贴用作"对题"，经文为《华严经·十回向品》中的内容。（图5.151）

图 5.151 （元）朱玉《龙宫水府图页》原件，故宫博物院藏

故宫博物院于1961年4月使用照相复制技术复制过该文物，但受当时技术条件的限制，无法逼真地还原文物的风貌。本案例使用数字喷绘复制与人工临摹相结合的综合复制技术重新复制这件文物，力求获得更好的复制效果。

这件《龙宫水府图页》画心部分属于典型的工笔人物绘画，对题部分是反贴《华严经》的经纸。这两部分分别适合使用人工临摹复制技术与数字喷绘复制技术进行复制。人工临摹可以使用与文物原件同样的材料进行复制，最大限度地再现文物原本的画面质感；数字喷绘则更善于再现微妙细致的画面细节，对于经纸上背面透过来的经文与纸张的纤维细节的复制优势明显。

按照人工临摹复制工序，在进行摹制之前首先要读画，即在摹画前仔细研读原画。其目的是"了解作者所处时代的绘画风格及作者的个人风格。对原画的用笔、用墨和章法结构的特点进行仔细研究，充分了解并深刻领会原画的笔墨、构图、造型、用色等方面的构思和特点"。① 接下来使用透明胶版蒙在原画上（出于文物保护的原因，这里使用的是《龙宫水府图页》原件的高清打印件），把原画上所有线条部分如实勾描到胶版上；将勾好线条的胶版铺在白纸上，再将加工好的熟绢附在上面；依据胶版上的线条将墨线过稿到绢上。（图 5.152）这件《龙宫水府图页》因表现柳毅进入龙宫传信的情节，有大量"水口"部分的描绘。为表现波涛涌动的效果，原作画家采用了抖动的侧锋用笔。在过稿时要兼顾原作的线条形状，但又不可完全采用双勾填墨的方式使线条过于死板。过好稿子后就可以比照原件使用传统的矿物、植物颜料进行着色绘制了。上色过程要循序渐进，所有的颜色不可一次染够，要使用较淡的色彩分数次染色，以达到均匀沉稳的效果。除在画绢正面渲染外，对画面中主要人物的头部、手部需在画面背面进

图 5.152　《龙宫水府图页》过稿完成图

行托色。托色是一种工笔技法，即在画面背面平涂颜色，可以使人物面部、手部的颜色显得更加厚重。对画面的做旧会贯穿整个书画的摹制过程，在摹制前的材料准备阶段就需要比照原件对所使用的画绢进行染色做旧处理，在摹制过程中也需要对一些颜色进行擦洗，使其产生自然脱落的效果。摹制完成后可与装裱师配合再次冲洗或揭裱画面去除画面的"火气"。但对于用于充当原件替身的博物馆级复制品来说，做旧不可过度，还是要以体现原件的

① 郭文林：《书画临摹基础技法》，北京燕山出版社 2010 年版，第 63 页。

画面风貌为原则。

册页的对题采用数字喷绘技术进行复制。为保证藏经纸对题与图页原件的高仿真度，在选择复制介质时采用了与原件对题所用纸张质感相似的带涂层复制用纸。将经纸对题的复制品与文物原件共同放置于标准光源下进行比较评估，根据评估结果对数字图像进行微调，然后再次打样比较。这个过程需要反复几次，复制品的色彩与原件色彩可达到最大限度的匹配状态，并在这一基础上完成经纸对题复制品的最终输出。

在传统的人工临摹复制书画技艺中，最后一步是钤盖印章。本案例中的印章使用3D打印技术进行复制，并使用印泥进行钤盖，这种方式依然是目前印章复制效果最好的方式。（图5.153）关于印章的3D打印，在本书的第二章第七节已有详细讨论，这里不再赘述。对复制品的逼真程度起决定作用的，装裱是最后一个重要的环节。《龙宫水府图页》

图 5.153　使用 3D 打印复制出的印章

复制品按照文物原件的装裱款式，装裱蝴蝶装册页。因对题使用特制的喷绘用宣纸，复制品装裱时需揭去对题背后的带胶背纸，重新以宣纸进行托心，人工临摹的画心也需要以同样的方式处理，并最终完成复制品的装裱。（图5.154）

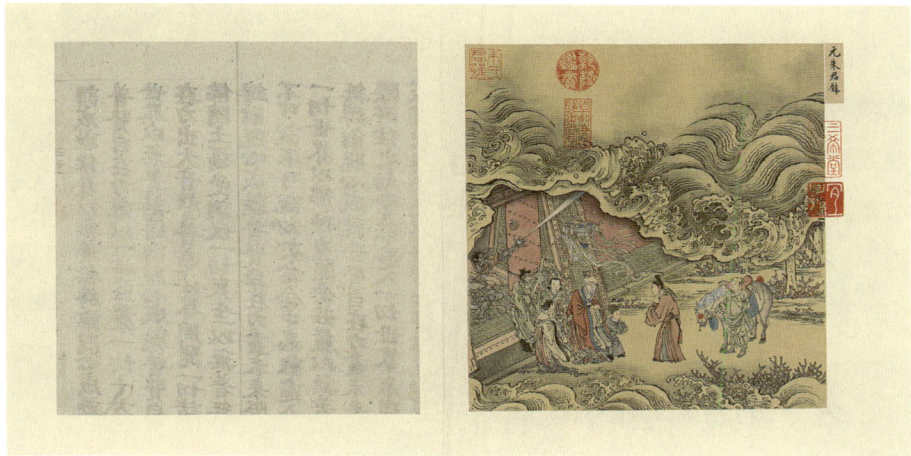

图 5.154　（元）朱玉《龙宫水府图页》复制品

这件《龙宫水府图页》分别采用人工临摹的方式复制出画心，采用数字喷绘技术复制经纸对题，使用 3D 打印技术复制印章并使用印泥加以钤盖，通过灵活运用传统与现代的不同复制技术，凸显不同复制技术的优势，并规避各自的不足和限制，最终达到了比较理想的复制效果。对于丰富综合复制技术的复制手法做出了有益的尝试，也为进一步研究其他类型的书画文物复制积累了经验。

（五）丁观鹏《莲座大士》像轴

丁观鹏《莲座大士》像轴，画心纵 124.9 厘米，横 66.1 厘米，钤有"乾隆御览之宝""乾隆鉴赏""三希堂精鉴玺""宜子孙""秘殿珠林""宝蕴楼书画录"鉴藏印六方。画面绢本设色，画白衣观世音菩萨端坐莲台之上，背后绘有火焰状背光，背光内侧装饰有蝙蝠、玫瑰、牡丹、灵芝、寿字等吉祥图样构成的"百花圆光"。人物背景以石青颜料平涂填充。（图 5.155）丁观鹏于雍正四年（公元 1726 年）进入宫廷任画画人，此后深受乾隆皇帝喜爱，并成为一等画画人，供奉宫廷长达 45 年之久。乾隆初期，丁观鹏被指定向郎世宁学习西方绘画，随后熟练掌握了西方绘画的造型方法，并将其应用到自己的人物绘画中，催生出一种宫廷人物画的新面貌。

根据王静灵在其《两岸文物的新发现——丁观鹏〈莲座大士〉小考》一文中的观点，画面中"百花圆光"母题和图像来源于西方绘画。"在十七世纪的

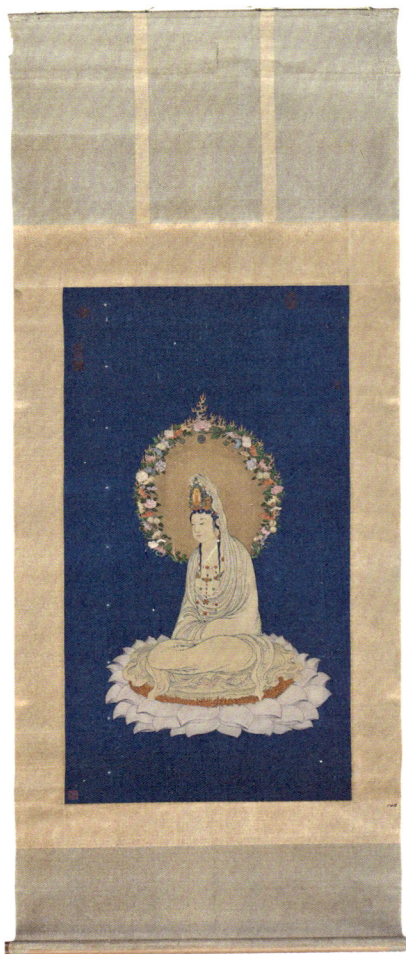

图 5.155 （清）丁观鹏《莲座大士》像轴原件，故宫博物院藏

西洋绘画中，经常描绘圣母子画像时将圣母子置于由各种不同花卉所缠绕的花圈之内。"①虽然丁观鹏所绘缠绕状"花环"采用很多中国吉祥寓意的图案，但表达方式上明显受到西方绘画立体透视观念的影响，所绘内容立体感很强。可以合理推测，丁观鹏所受西方绘画的影响恐怕不止于画面中表现出的立体造型方法，也应包括相应的西方绘画工艺流程与工具使用技巧，这一推测在《莲座大士》像轴中可以找到相应的证据。

通过对《莲座大士》像轴的观察，可以发现其背景石青底色通体遍布贯穿整个画面的横向笔触痕迹，而且背景石青并非没有变化地平涂，在画面顶端和底端石青色彩明度更低，似乎混有墨色，造成一种微妙的渐变效果。在颜色渐变处可以发现更为明显的横向笔触，这种笔触是使用板刷或排笔一类大面积染色工具所形成的。（图 5.156）更重要的是，这种痕迹一直贯穿到观音大士的人物轮廓处，即便在火焰背光与百花圆光轮廓复杂处，这种贯穿的横向痕迹也没有终止的迹象。进一步仔细观察复杂轮廓与石青底色的交界处，可以发现有些部分存在微小的空白区域或石青越过边界侵蚀到人物轮廓的证

图 5.156　石青背景明显的横向笔触

---

① 王静灵：《两岸文物的新发现——丁观鹏〈莲座大士〉小考》，《紫禁城》2015 年第 3 期，第 128 页。

据。（图 5.157、图 5.158）通过这些细节图像证据，可以推测丁观鹏在绘制此件《莲座大士》像时使用了遮盖留白法。所谓遮盖留白法，是使用某种材料遮盖掉画面里不需染色的区域，对余下区域可以更加从容地进行绘制而不需担心影响遮盖区域的方法。这种方法常见于西方水彩画中，文艺复兴时期，西欧出现了两个新画种，一是油画，另一个就是水彩画。在 15 世纪末、16

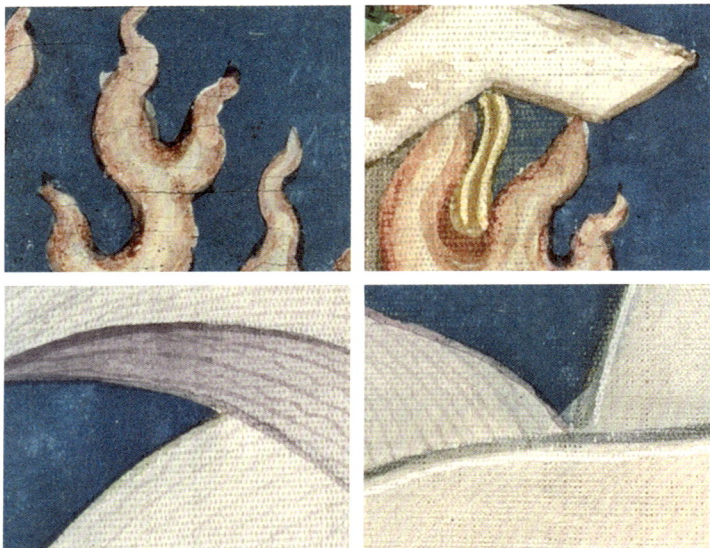

图 5.157　人物与背景间的微小的空白区域

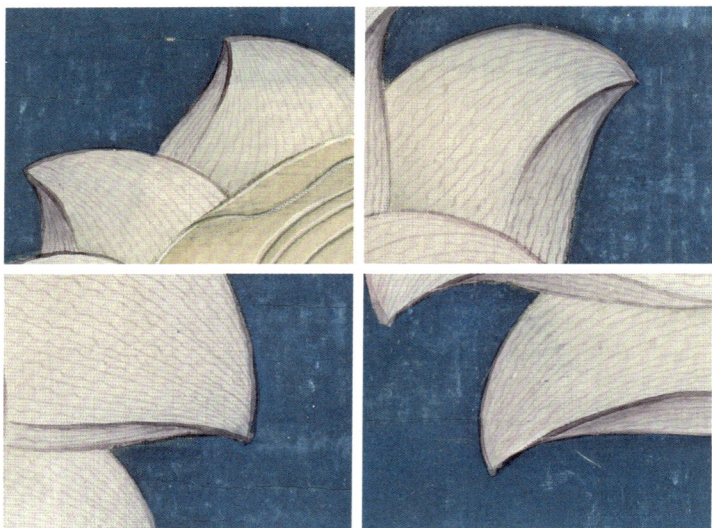

　　图 5.158　石青越过边界侵蚀到人物轮廓

世纪初水彩画走上独立发展的道路。[1] 郎世宁于 18 世纪初进入中国宫廷，以他为代表的传教士画师熟悉水彩画的相关技巧，将其引入中国宫廷，并影响到丁观鹏的可能性是存在的。

具体到这件《莲座大士》像的绘制，通过画面细节证据，笔者推测画家可能使用了水油纸一类的防水性材料，裁剪成观音及莲座外轮廓后用作遮盖物。水油纸是中国传统装裱中常用的防水隔护材料，在塑料材质出现之前，该材料被装裱师广泛使用。清代宫廷本有专门的装裱机构与装裱师，宫廷画师采用这种材料作为遮盖物是有很大可能性的。虽然缺乏文献上的明确记载证明遮盖物一定是水油纸，但通过画面轮廓边缘产生的空白与遮盖误差判断，丁观鹏确实使用了某种可进行精细剪裁的防水材料作为遮盖物。

故宫博物院的书画复制师曾采用人工临摹的方式复制过这件作品，当时对石青背景采用的是平涂与掏染相结合的方法。这种方法费时费力，亦无法再现原件中贯穿画面的横向笔触，进而造成复制品与原件的明显差异。为弥补这个遗憾，本案例使用综合复制技术对这件《莲座大士》像重新进行复制，以检验综合复制技术的效用，并验证原作运用遮盖留白法的推测。

综合复制技术并没有一成不变的复制模式，而是要针对具体复制对象的特点制定最适合的复制方案。这件《莲座大士》像属于重彩工笔人物画，如果使用数字喷绘技术，可以准确地复制出人物面部的微妙分染及繁复的火焰背光和百花圆光。但喷绘复制对于石青、石绿等矿物颜色的表现是有缺陷的，无法表现出矿物颜色的纯度与质感。这件作品的画面背景以石青进行大面积填充，如果单独使用数字喷绘进行复制，则会放大其技术上的缺陷，影响复制品的逼真程度，因此需要以人工绘制的方式使用石青颜料对底色进行染制。如此一来，一方面可以实现画面人物的高精度复制，另一方面可以确保大面积的石青底色具有真实的颜色与质感。为实现这一复制方案，需要放弃使用带有图层的喷绘专用丝绢，转而使用绘画用的生丝画绢进行喷绘。

单独使用数字喷绘技术进行复制时，一般使用带有图层的专用喷绘纸张与丝绢，这类材料具有更好的色彩表现能力。但喷绘专用丝绢在质感上与绘

---

① 参见常又明《水彩画的起源及其在英国的发展》，《世界美术》1981 年第 2 期，第 65 页。

画原件区别很大，也不适合使用矿物颜色进行人工染色。为实现《莲座大士》像的综合复制方案，需选用绘画用的生丝绢作为复制材料。这种生丝绢画绢细分种类繁多，选择时有两个重要原则：一是尽可能选用与原件织造工艺相似的画卷，如此才能确保复制品的材料质感与原作相一致。二是尽可能选择丝绢颜色较白的画绢。未经漂白煮炼的生丝绢会呈现自然的牙白色，但受蚕丝色泽的影响仍然会有深浅之别。虽然生丝画绢没有喷绘涂层，但较白的丝绢拥有更广的色域范围，在后续喷绘输出时容易获得更好的颜色效果。接下来，需使用浓胶矾水对画绢进行矾制，胶矾溶液可以填充画绢纤维间的孔洞，使喷绘墨水的发色效果更好，某种程度上也起到了喷绘涂层的作用，不同之处在于胶矾不会影响画绢后续的绘画性能。配置浓胶矾水要按照 1 克骨胶 30 毫升水的比例，然后再按胶液 1∶4 的比例兑入明矾饱和溶液，配置胶矾水。接下来将胶矾水均匀涂刷到绢本复制品表面，正反面交替涂刷，一面完全干燥后再涂刷另一面，最终正面涂刷两遍背面涂刷一遍完成画绢的矾制。画绢质地柔软，想要将其送入喷绘机进行喷绘还需使用宣纸托于背面并上墙绷平，绷平后的丝绢光洁平整，将丝绢裁成标准矩形后就可以输入喷绘机进行线性文件的制作了。

由于采用手工托纸的丝绢作为喷绘材料在色域范围与对喷绘墨水的响应方面都不稳定，因此为获得更好的喷绘效果，需对其进行测试以获取相应的材料线性文件。具体做法是使用托好的画绢喷绘出色表，然后将色表置于分光光度仪中进行测量，生成画绢的 ICC 文件。（图 5.159）生成的 ICC 文件将会指引色彩管理软件精确控制大幅面喷绘机对各种色彩的喷墨量，从而获得最佳的喷绘效果。

《莲座大士》像在复制时采用大幅面平台扫描仪进行扫描，制作成高清数字文件。数字文件如实反映画面的原始状态，在进行喷绘输出前需对数字文件进行修整。《莲座大士》像左侧石青底子上有一串间距相同的圆形脱落，应是作品卷起时造成的。对数字文件进行修整时需予以去除。按照复制方案，画面中的印章将用印泥重新钤盖，数字文件中原有的印章也需修整清除。（图 5.160）输出前可先使用屏幕软打样模拟输出效果，根据模拟效果对某些特定

图 5.159　使用手工画绢制作出的色表

颜色进行调整。调整好的数字文件通过色彩管理软件进行喷绘输出。需要特别说明的是，用于手工生丝绢喷绘的墨水是一种可用于无涂层材料喷绘的专用墨水，这种墨水可以适应很多无涂层承印物的喷绘，具体的色域范围可根据承印物有所不同。喷绘输出的样张需置于标准光源下进行比对评估，在此基础上最终调整画面色彩完成复制品输出。

对于一般的数字喷绘复制，复制品的喷绘输出是复制流程的最后步骤。但在本次综合复制方案中，喷绘出的复制品只是一件半成品，后续需借助书画装裱技艺和人工临摹手段提升复制品的逼真程度。在

图 5.160　修整后的电子图像

复制流程开始时，为使柔软的生丝绢适应喷绘打印的需要，在绢的背面托有一层宣纸。完成喷绘后这层宣纸的使命已经完成，为避免影响后续人工临摹的开展，需予以去除。揭取托心纸时需先用温水冲洗画绢使其湿润，由于在画绢背面托纸时使用糨糊作为黏合剂，所以在揭取托心纸时需用手指轻轻揉搓，待去掉一部分后就可以成片揭取，直到托心纸揭取干净为止。（图5.161）

除去托心纸的复制品需将其绷到木框上使画面平整，便于展开后续的工序。工笔重彩所用的画绢要用骨胶明矾混合液进行矾制，使"生绢"变为"熟绢"。复制品的画绢进行喷绘输出前已经过矾制，但喷绘过后其表面新附着了一层颜料墨水，为避免着水后颜色脱落，手工着色前需使用胶矾水对画面正面和背面再次进行矾制。之所以对背面也需再次矾制，是因为揭取托心纸时为去除纸张与糨糊，对胶矾层会产生影响。本次矾制正面和背面各进行一次即可。矾制后的复制品需使用蛤粉、钛白粉等白色颜料在画面背面对人物

图 5.161　揭取复制品背后的托心纸

区域进行托色，目的是使人物正面的颜色更加厚重。由于原作时间较为久远，可以在托色的白色颜料中少量加入赭石、淡墨等颜色以降低明度与纯度，从而获得更加自然的颜色效果。（图5.162）

上文提到，通过对原作画面人物轮廓处细小特征的辨别，可以推测出丁观鹏绘制画面时采用了遮盖留白法，即遮蔽了人物区域进行石青底色的染制。为了再现这种技巧效果，笔者使用遮盖留白液对画面人物、莲座以及火焰背光、百花圆光处进行遮盖。遮盖留白液是当代水彩画中常用的留白工具，留白液

初为液体，可以根据遮蔽区域的形状自由涂抹。干燥后的留白液会形成防水的遮蔽层，防止其他颜色影响遮蔽的画面。虽然遮盖液与推测的原作遮盖物不同，但技法的本质是一致的，也可以获得同样的技法效果。（图5.163）

染制石青底色时需以较淡的石青色多次染制，如果颜色过浓，很难染制均匀。原作中的石青背景颜色偏暖，更接近一种天蓝色。（图5.164）染制背景时可以在石青基础上，以藤黄、赭石等配出旧色涂刷在石青之上，对石青色相进行微调，达到与原作一致的效果。完成底色染制后，用留白液清洁胶清除画面上所有干燥的遮盖液。（图5.165）

由于复制品的图像是喷绘在牙白色生丝画绢上的，整幅画面最白处就是生丝画绢的本色。这导致复制品与原件相比缺少明度最高的部分，因而层次感稍差。为解决这个问题，需使用白色颜料对复制品的白色部分进行复勒。

图 5.162　复制品背面托色

图 5.163　使用遮盖留白液对画面人物进行遮盖

图 5.164　染制石青底色

图 5.165　去除干燥的遮盖留白液

原作中描金部分也是数字喷绘无法再现的，需使用泥金颜料进行重新勾勒。（图 5.166）

原作画面中有六方鉴藏印，通过数字技术可以从原件的高清影像中将印章图像提取出来，并转化为立体模型文件，继而通过 3D 打印机输出实体印章模型。以这种方式复制出的印章可以确保钤盖出的印记与原件中高度一致，配合各种类型的印泥可以有效提升复制品的逼真程度与质感表现。印章钤盖完成后，还需按照原件的装裱品式进行手工装裱，最终完成这件《莲座大士》像轴复制品的制作。（图 5.167）

图 5.167　（清）丁观鹏《莲座大士》像轴复制品

　　　　图 5.166　复勒白色、金色的部分

（六）《甘珠尔》经

藏文《大藏经》包含《丹珠尔》和《甘珠尔》两部。其中《甘珠尔》经为佛部，即佛祖释迦牟尼的教法总集。本案例中复制的是清乾隆三十五年（公元 1770 年）乾隆皇帝为庆祝其生母圣母皇太后八十大寿制作的。《甘珠尔》经为梵夹装，经页每片长 75 厘米、宽 28.5 厘米，一夹即一函，经文用泥金正楷两面写于深蓝色磁青纸经页上。经页叠摞形成四面"经墙"，其上以泥金描绘佛教八宝图案及喷焰摩尼宝图案。这些图案除了起到装饰作用，还有防止经页错乱叠放的实用功能。（图 5.168）

图 5.168　《甘珠尔》经原件，故宫博物院藏

作为《寿康宫原状陈列展》的重要展品，此件《甘珠尔》经需进行长期陈列展示，出于对文物原件的保护目的，故宫博物院决定制作高精度复制品替代原件进行展陈。根据复制需求，本次复制需复制上下内护经板，所有经页及部分经文内页。由于该经通体遍布描金图文，其中包含满、汉、蒙古、藏各种文字。如果使用人工临摹进行复制不但耗时漫长，也很难保证图文的准确性，特别是由于对满、蒙古、藏文不够熟悉，临摹时很容易造成错误。经墙图案由经页侧边构成，每一页经页侧面厚度只有 0.6 毫米左右，只能采用手工临摹的方式进行复制。鉴于这种特殊情况，决定采用数字喷绘复制与

人工临摹相结合的综合复制技术进行复制，即使用数字喷绘复制制作上下内护经板及经文内页，采用人工临摹复制四面经墙图案。

对《甘珠尔》经的图像采集需要分两部分进行。首先使用大幅面扫描仪采集上下内护经板表面的图案和文字，图像采集时需要将扫描仪内置CCD进行偏移以获得泥金图文的金属效果。由于护经板是立体的，对表面进行扫描时需相应地调整对焦平面的距离以获得清晰的图像。为减少对经文原件过多扰动，扫描时采用大画幅数码相机分段对四面经墙进行拍摄，以获得足够高的图像分辨率。扫描采集的图像经过编辑后使用图层宣纸完成喷绘输出。使用相机拍摄的经墙照片则需进行拼接，并按照原件尺寸进行校正，使用较薄的承印物进行喷绘输出，用于后续经墙过稿之用。接下来，按照护经板的立体尺寸制作出实体模型，最后将喷绘输出的护经板图案粘贴其上，完成上下护经板的制作。

原件中经文内页是双面的，喷绘出的内页则是单面的，需按照原件的经页厚度将正反面经文托裱在一起并压平备用。经墙的画面是由经页侧边厚度累积形成的，在其上绘制图文时需确保经墙压实固定，保证绘制表面的平整稳定。为此，复制人员专门制作了一种固定经页的木盒并用U形夹进行固定（图5.169）。经墙进行绘制前还需进行打磨与染色，使绘制表面光洁平整、色调统一。经墙底色是一种极深的蓝色，需要使用红色转印纸将之前采集到的图案转印到复制品经墙上完成过稿。（图5.170）最后使用泥金按照过稿线

图5.169　将复制件经页装入木盒并用U形夹进行固定（图片由廖安亚提供）

图5.170　使用红色转印纸进行过稿（图片由廖安亚提供）

条进行描金，描金时要控制好泥金的浓度，颜色过淡无法遮盖红色的转印线，过浓则会影响线条的流畅。（图 5.171、图 5.172）待描金完成后对经墙表面喷涂定画液，防止描金颜色产生脱落。最后将护经板与经页合并到一起，完成对《甘珠尔》经的复制。（图 5.173）

图 5.171　摹制经墙图案（图片由廖安亚提供）

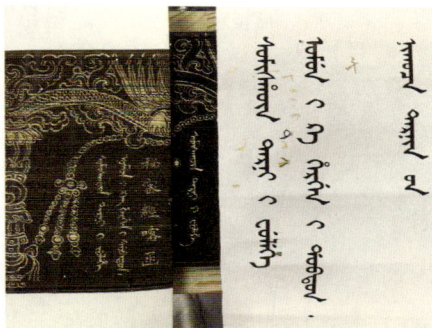

图 5.172　摹制经墙文字（图片由廖安亚提供）

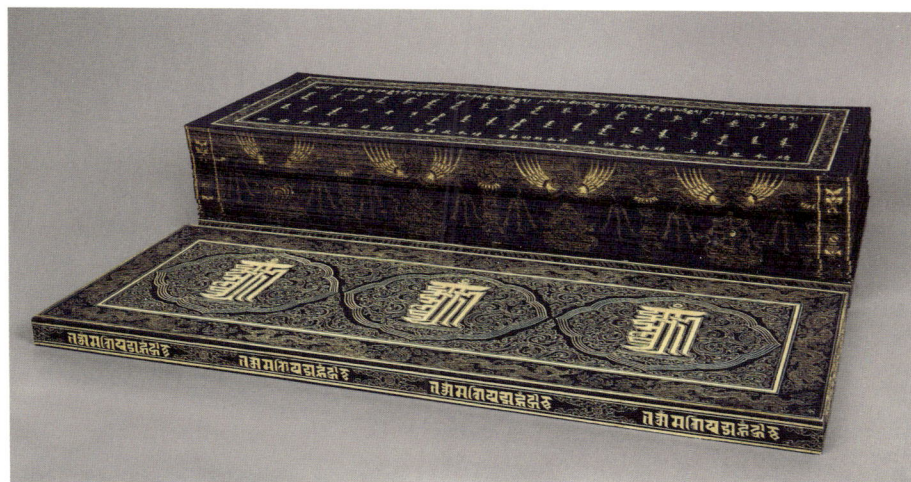

图 5.173　《甘珠尔》经复制品

（七）"北洋第一烟"——"龙球"香烟包装

烟草传入中国可以追溯到明朝万历年间，而今天人们最熟悉的卷烟是鸦片战争后才由国外渐渐传入的。随着英、美、日等国卷烟的进入，清政府的白银外流不断加剧。据统计，光绪二十一至二十四年（公元 1895—1898 年）间，全国外烟输入价值依次为 27.93 万、40.08 万、51.44 万、68.74 万海关银两。为遏制利源的不断外流，在时任直隶总督兼北洋大臣的袁世凯的支持下，于光绪二十八年（公元 1902 年）在天津创设官商合办的北洋烟草公司。这家公司所生产的"龙球"（Topaz Dragon）牌香烟也成为近代中国第一个申请注册商标的民族卷烟品牌，可谓"北洋第一烟"。（图 5.174）

关于"龙球"的名称，还有一段来历。据说当北洋烟草公司的第一批产品出来以后，被袁世凯当作贡品呈给慈禧太后，慈禧听说这是中国人做的洋烟，连忙点上一支，还吐了几个球状烟圈，感觉比水烟的味道好，于是这种纸烟的品牌被定为"龙球"。而与这段传说相印证，故宫博物院的库房中恰藏有宫廷旧藏的"龙球"牌香烟 47 盒，推测应是北洋烟草公司进贡内廷之遗物。对于中国烟草发展史来说，"龙球"牌香烟无疑具有重要的史料价值。应中国烟草博物馆的请求，故宫博物院对院藏"龙球"牌香烟包装开展了高仿复制工作，以充实烟草博物馆展陈内容。

数字喷绘复制与人工临摹复制各具特点，多年以来对不同类型的书画作品所采用的复制方法也有所区别。人工临摹一般使用双勾填色的方法进行复制。这种方法可以在和原件同样的纸张、丝绢上面使用传统的书画颜料进行复制，多用于复制工笔重彩类的书画。数字技术复制则因其高精度的图像采集和色彩还原能力，更多地用于水墨写意画和书法作品的复制。

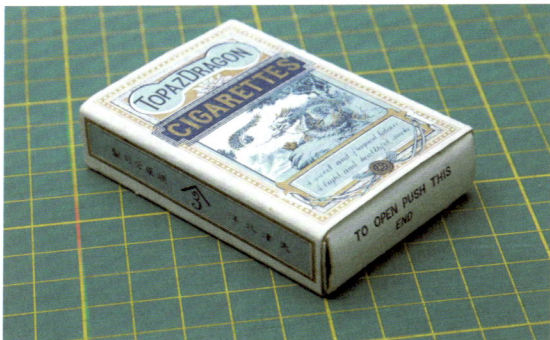

图 5.174　天津北洋烟草公司制"龙球"牌香烟原件，故宫博物院藏

　　这件"龙球"牌香烟包装迥异于一般的书画作品，如果使用人工临摹的方式进行复制，就面临着几大难题。首先，不同于书画作品，包装为实用器物。为确保包装的功能性，其使用的纸张较厚，约 0.5 毫米。这与人工临摹通常使用的宣纸差异巨大，即便将宣纸进行多层托裱使其厚度趋同，纸张本身的质感差异也依旧十分明显。其次，包装上的图案使用凸版套印进行印刷，细小的线条和颜色叠加的效果是传统的毛笔难以模拟出来的。最后，本次复制需要制作两件，人工临摹更加难以保证两件复制品的图案精确一致。

　　如果使用数字喷绘技术进行复制无疑可以使包装图案及文字准确再现，但包装图案除了使用深浅两种蓝色进行套印之外，还在局部使用了烫金工艺，包括品牌文字、图案局部以及四面栏框，整个包装也因之华丽精致。而目前数字技术复制一般使用大幅面数字喷绘机进行复制品的打印输出，这种设备的基本原理与日常使用的喷墨打印机相同，即通过几种基本颜色的微小墨滴组合排列再现出各种色彩。这就意味着用数字喷绘技术制作的复制品无法表现出包装局部烫金的金属光泽。

　　正出于上述的原因，单独使用任何复制方法都无法高品质地完成对"龙球"牌香烟包装的复制，这就促使数字喷绘复制技术与人工临摹复制技术两种复制技术综合运用协同工作。对这件"龙球"牌香烟包装的基本复制思路是使用数字喷绘复制技术准确还原出盒体深浅两种蓝色的图案及文字，包括盒体上开裂、水渍等细小变化，力求最大限度地完整保留文物的历史信息；同时完成包括品牌文字、图案局部以及四面栏框烫金部分的同步复制输出；在此基础上，通过人工临摹的方式，将与文物原件相同质感的泥金摹制于数字复制完成的盒体之上，使复制品从质感、色彩、材料等多方面更接近文物原件。

　　与平面类书画文物不同，"龙球"牌香烟的包装是一个六面的立方体，且每个面上都有文字或图案。进行图像采集时既要精确采集到各个平面上的图文内容，又要确保文物本身不要受到损害。经过对文物的观察，决定将包装盒体分为两个部分进行图像采集，即外套和内盒。首先将盒体外套与内盒分离，将盒内香烟移出；然后将内盒沿折叠处小心展开，平放至扫描平台进行扫描。因外套无法展平，可根据盒体高度调整扫描设备的对焦平面，分别采集四个面的文字及图案。（图 5.175）

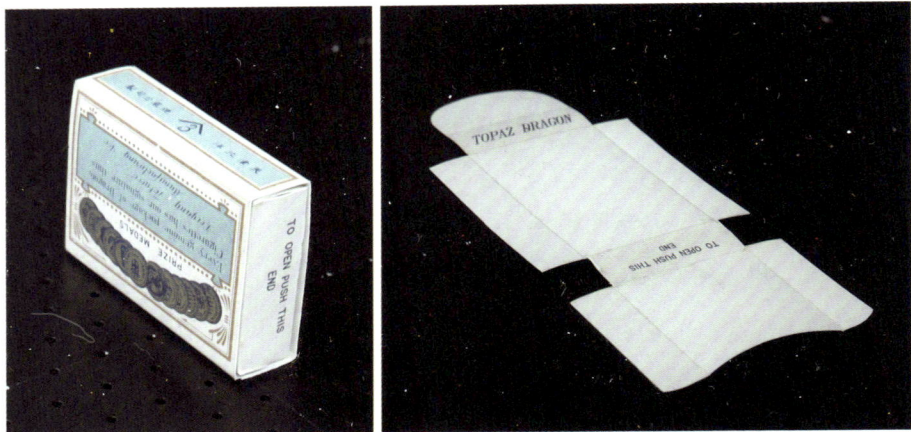

图 5.175　烟盒外套、内盒分别进行扫描采集

　　因"龙球"牌香烟包装用纸较厚。为了取得逼真的复制效果，复制用纸的材质与厚度应尽可能地与文物接近。通常用于书画复制的纸张是以优质手工制宣纸为基础在上面施加特殊涂层以便用于喷绘复制。但由于宣纸厚度过于轻薄难以胜任本次复制工作，这就需要寻找厚度适合同时具备优异的色彩还原能力的复制介质。经过寻找比较，笔者最终选择了爱普生公司生产的超光滑美术纸（UltraSmooth Fine Art Paper）作为烟盒盒体的复制用纸。这是一种使用 100% 纯棉为原料且不含任何酸、氯成分的热压纸，表面洁净，可以长期保存，纸张厚度与包装用纸厚度十分接近。更重要的是，纸张表面涂层已经做好，并且可以从爱普生网站上下载到该种纸张的 ICC 文件，在保证喷绘墨水稳定性与色彩还原准确性的同时，免去了后续对纸张进行特征化的烦琐工作。通常的复制介质需要经过分光光度计的测量，以生成该介质的特定 ICC 文件，而使用爱普生的成品喷绘纸张则可以直接使用其提供的现成 ICC 文件。这种官方的 ICC 文件因进行过大量的测试，比复制师所做的单次测试更加稳定准确，从而简化了工作流程，提高了喷绘输出质量。

　　因包装外套无法展平，只能对其四面进行分别扫描。所得四个独立的数字图像需被输入图像处理软件中进行拼接使之成为整体。拼接过程中，需使用相应软件工具去除生硬接缝，使四面浑然一体。（图 5.176）盒体文字图案由深浅不同的两种蓝色构成，但受技术限制，目前的数字输出设备普遍存在着蓝色系响应乏力的缺陷。为解决这个问题，需要使用色彩调整工具人工调整盒体上图文的色彩，本质上是使用输出设备色域内的颜色替换掉超出色域的部分，进而达到视觉上与文物原件相一致的色彩感觉。此外，还要适度增加图像的锐化程度，以便更加接近文物原件上

图 5.176　编辑后的包装展开图

图文凸版印刷的锐利效果。之后，在标准光源下对照烟盒原件对输出打样进行反复微调，最终完成"龙球"牌香烟包装复制品的输出。（图 5.177）

　　文物原件的烫金部分应是另制印版，使用仿金颜料套印而戍。对于少量复制，重新制版无疑是不现实的，因此笔者采用人工临摹的传统方法，使用

图 5.177　烟盒盒体复制品输出

真金加胶研磨而成的泥金进行绘制书写，以再现盒体图文华丽精彩的视觉效果。传统的人工临摹难以保证两件复制品图文的精确一致，这与传统的过稿方法有关。在传统的临摹工序中，首先要将需复制的图文勾描成正稿，然后在其反面用铅笔进行勾描，再将铅笔的痕迹拷贝到复制用的纸上，最后进行落墨复制。在反复的拷贝过稿过程中，图文就会渐渐变形，特别是对于烟盒上极为精细的图文来说，这种微小的变形都会显得极为明显。而以数字喷绘制作的复制品为底稿，所有烫金部分都以近似的黄色替换，这就如同描红一样，在其上面进行泥金摹制，不但省去了人工过稿的工序，而且确保了摹制更加准确快捷。（图5.178）由于年深日久，包装外套与内盒的纸口边缘均已泛黄，为了使复制效果更加逼真，笔者使用藤黄、赭石、淡墨进行调配，将复制品纸口边缘染色做旧，如同原件一样。（图5.179）

图 5.178　使用泥金在包装外套复制件上进行摹制

图 5.179　使用颜料将复制件纸口边缘染色做旧

　　经过上述一系列工序，复制品的色彩已与文物原件颇为一致，但视觉形态上与文物原件还大相径庭。接下来，需将包装外套与内盒沿其边缘剪切并照原样折叠成形，（图5.180）粘牢外套接口部分后，便完成了盒体外套与内盒的制作。文物原件内有以蜡纸与锡箔纸包裹的香烟10支，仿照其包装方式将替代香烟包成长方体形态，置于复制出的烟盒中。最后，用重物压实整形后即完成了整个复制过程。（图5.181、图5.182）

图 5.180　将包装外套与内盒沿其边缘剪切并照原样折叠成形

图 5.181　仿照原件将替代香烟置于复制出的包装中

图 5.182　两件复制品与文物原件的对比图（右一为文物原件）

　　这件产自晚清的"龙球"牌香烟与诸多珍贵书画相较或显得"平常"，但它依然见证了我国那段虽历经欺凌却仍奋发自救的历史，特别是见证了中国烟草发展的重要阶段。这件文物的复制方法也异于一般平面类书画的复制，特别是使用数字喷绘与人工临摹相结合的综合复制技术进行复制，将二者的工艺的优势相结合，回避其各自劣势，最终取得了较好的复制效果。这一案例在借鉴已有经验的基础上，进一步扩展了综合复制技术的应用范围，为复制更多类型文物积累了有益经验。

（八）乾隆御笔《符望阁口号贴落》

　　作为书画装裱的重要组成部分，书画修复自古就与书画复制密不可分，书画复制品需要经过装裱才能体现出作品的神韵，所谓三分画七分裱；而书画修复也需要对书画缺损处进行全色、接笔，而复杂的接笔工作往往有赖于摹画师完成。二者可谓互相成就。本案例以乾隆御笔《符望阁口号贴落》（以下简称"乾隆御笔贴落")的修复为例，将数字喷绘复制技术与人工临摹技术应用于书画修复当中，以期达到丰富书画修复手段、提高修复效率之目的。

"贴落"一词最早见于清乾隆时期的内务府档案，开始作为动词，有贴上落下之意，后来逐渐转变为名词，特指一类画心经简单托裱，仅以很窄的绫子镶嵌的简易裱件。这类裱件主要用于故宫古建室内的装饰，受墙面尺寸和室内空间的限制，贴落尺寸差别较大。这件乾隆御笔贴落，其文字收录于乾隆御制诗四集卷三十七之中。该贴落被张贴在有"迷楼"之称的符望阁当中，御制诗记载名称为"符望阁口号"。贴落全文为："五载军机日夜图，果诚偃武奏功肤。廿年高阁来娱老，此望未知符也无。"落款"口号一首。丙申清和下瀚御笔"。并钤盖"所宝唯贤"朱文印，"乾隆御笔"白文印各一枚。（图5.183）根据落款可知，该贴落书写于乾隆四十年（公元1775年）四月下旬，所谓"口号"即随口吟诵的意思，而吟诵的内容则是关于第二次平定大小金川之事。乾隆皇帝在五年的时间里日夜图谋着军机大事，并最终结束战事祭告宗庙，在这种喜悦的心情下畅想着二十年后在高阁（即符望阁）中实现养老的愿望。乾隆皇帝将这一愿望写成贴落并张贴在符望阁内，可见对实现愿

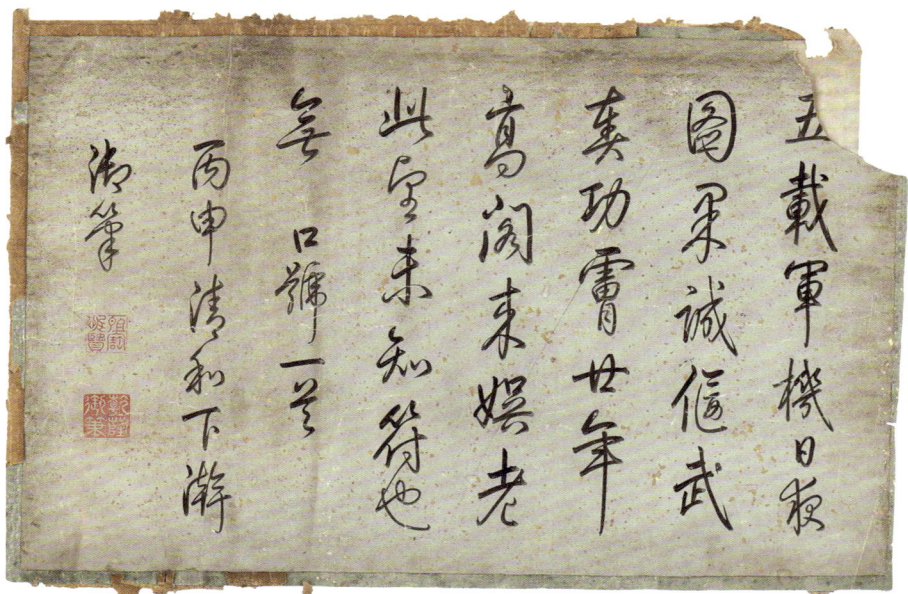

图 5.183　修复前的乾隆御笔《符望阁口号贴落》，故宫博物院藏

望表现出十足的信心，而历史也证明乾隆确实实现了在位六十年的愿望，成为中国历史上执政时间最久且最长寿的皇帝。

这件乾隆御笔贴落是书写在蜡笺纸上的。蜡笺纸是一种蜡质涂布纸。"纸张涂布蜡后能使表面光滑，增加抗水性，并有防虫作用。"[①]纵观现存文物，很多皇帝诏书都是用蜡笺纸进行书写的，如明嘉靖皇帝的诏书、正统皇帝的敕谕、清太宗皇太极册封永福宫庄妃的敕谕等，可见蜡笺纸的规格之高。

由于国力强盛，乾隆时期的御笔贴落很多都使用蜡笺纸进行书写。作为乾隆引以为豪的十大武功之一，书写平定大小金川诗句的用纸自然马虎不得。这件乾隆御笔贴落使用的是青地撒金蜡笺纸，与普通蜡笺纸相比，撒金蜡笺纸制作更加复杂。首先需要在染色后的纸张上刷胶矾水，然后使用一种喇叭形纸漏斗进行撒金。（图 5.184）漏斗中放置金箔和黄豆，撒金时使用木棍敲击漏斗，斗中黄豆便会撞碎金箔使之落于纸面上。第三步是将干高丽纸覆盖到撒金纸上，并用鬃刷轻排使金箔被胶水粘住。完成以上步骤后再进行涂蜡并最终完成撒金蜡笺纸的制作。除撒金蜡笺纸外，故宫博物院还收藏有各色描金蜡笺纸，如绿色描金折枝花纹粉蜡笺、梅花玉版笺等制作工艺更加考究。（图 5.185、图 5.186）故宫博物院旧藏蜡笺纸蜡层厚度各有不同，因此也呈

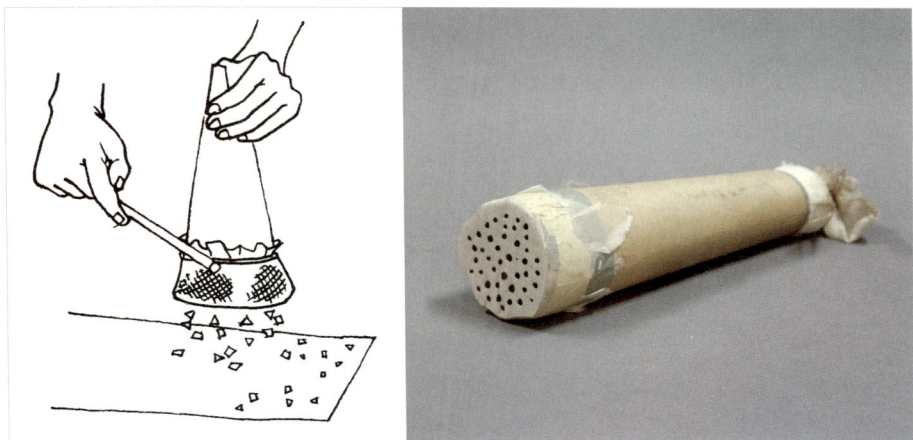

图 5.184　撒金示意图与撒金工具

---

① 郭文林、张小巍、张旭光：《清宫蜡笺纸的研究与复制》，《故宫博物院院刊》2004 年第 6 期，第 145 页。

图 5.185　绿色描金折枝花纹粉蜡笺，故宫博物院藏

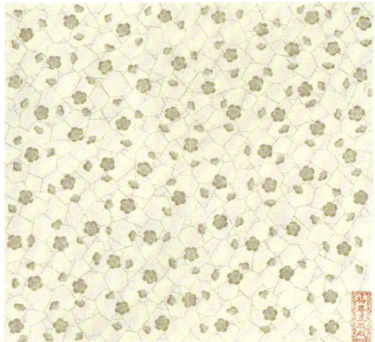

图 5.186　梅花玉版笺，故宫博物院藏

现出不同的艺术效果，推测应是根据皇家的不同需要特别制作的。

正因蜡笺纸制作工艺繁复费时费力，且使用范围十分有限，随着清朝国力的衰落，这种纸张的生产逐步减少，并最终退出了历史舞台。如今，清宫蜡笺纸制作的原始工艺已不可考，如今需要修复蜡笺纸质地的乾隆御笔贴落，不免落入"巧妇难为无米之炊"的窘境。故宫博物院的文保科技人员曾经试制过一些蜡笺纸，用于复制蜡笺纸质地的文物。他们使用棉料含量较高的夹连宣纸（亦称十刀头，其中棉料占 70%，皮料占 30%）作为纸基，将两层宣纸托合，使其厚度接近蜡笺纸的厚度。实验证明，清宫旧藏蜡笺纸表面涂有一层矿物粉作为填充剂，复制的蜡笺纸使用土粉子作为填充剂，将其与水和糯潮按一定比例混合后涂抹在宣纸上。不同颜色的土粉子也同时作为纸张的染色剂使用。染色后的宣纸经过绷平、砑光处理后，使用猪鬃刷蘸上熔化后的川蜡以"横竖法、八字法、圆圈法"[①]在纸面上进行擦蹭，使蜡层均匀地涂布到纸张上。使用以上方法复制出的蜡笺纸被认为最大限度地接近了清宫旧藏的蜡笺纸。使用这种蜡笺纸复制的文物也取得了令人满意的效果。

既然仿制的蜡笺纸可以用来复制蜡笺纸质地的文物，那么使用同样的方法可否制作出修复乾隆御笔贴落的材料呢？很遗憾答案是否定的。尽管看上去仿制的蜡笺纸比较接近乾隆御笔贴落的原有质地，但实际修复中却难以实现与文物原件一致的效果。原因如下：第一，作为染色剂的土粉子虽然有多

① 郭文林　张小巍、张旭光：《清宫蜡笺纸的研究与复制》，《故宫博物院院刊》2004 年第 6 期，第 149 页。

种颜色，但想使其与文物原件颜色一致却十分困难。第二，正如上文提到的，使用纸漏斗撒金，金箔的形状难以准确控制，难以做到与原有撒金效果相一致。第三，新制蜡笺纸表面光洁，缺乏细微的历史信息，而影响到补纸与文物原件的一致性。第四，待修文物仅缺损右上一角，但蜡笺纸复制工艺决定了复制量远大于修复用量，而剩余材料又难以改作他用，从而造成不必要的浪费。

幸运的是，数字喷绘复制技术为解决上述问题提供了崭新的方法。笔者曾使用数字复制方法完成了北宋金银书《妙法莲华经》的复制。（更多细节，请见本节《妙法莲华经》复制案例）这件文物与蜡笺纸贴落颇具相似性：首先，二者都是染色的特殊纸张；其次，二者表面都具有霉迹、水迹等丰富微妙的历史信息；最后，二者都包含真金成分，区别在于《妙法莲华经》用泥金描绘，而蜡笺纸用撒金装饰。因此《妙法莲华经》的基本复制思路也可套用到本次乾隆御笔贴落补纸的制作中，即使用数字技术准确还原出蜡笺纸的色彩，包括纸张上的霉迹、水渍等细小变化，力求最大限度地完整保留文物的历史信息；同时完成撒金斑点的同步复制输出；在此基础上，通过人工临摹的方式，将与文物原件相同的金粉颜料摹制于数字复制完成的贴落补纸之上，使复制品从质感、色彩、材料等多方面接近文物原件。

虽然只是复制贴落补纸，但复制程序依然需要严格遵循书画复制的程序要求。用于贴落原件的图像采集设备为大幅面平台式文物扫描仪，该设备的最高光学分辨率可达 1200dpi，保证了用于贴落图像采集的精度。这种设备使用的是线扫描原理，有别于传统相机的曝光成像，因此可以最大限度地改善图像边缘的畸变程度。扫描光源的位置、角度精确稳定可以保证采集画面均匀稳定地受光。扫描获得的图像文件是完全数字化的，避免了传统电分过程中的人为影响，图像的色彩准确度更有保证。除此之外，扫描光源采用冷光源，贴落在扫描平台上可以水平放置，整个扫描过程中，扫描头不接触文物表面，从而保护了脆弱的文物原件，避免复制过程对文物本身造成损害。

乾隆御笔《符望阁口号贴落》画心规格为纵 55.5 厘米、横 88 厘米，右上角缺损大约 70 平方厘米。而画面左上角与左下角保留有大量空白区域，可以用作复制补纸的图像基础。上下两角的区别在于左上角空白处霉迹较为明显，而左下角区域霉迹轻微。由于贴落图像采集于清洗画心之前，考虑到经过清洗，霉迹会变浅甚至会被完全清除，因此可使用图像处理软件分别从采集到的贴落高清数字文件的左上角与左下角各截取规格为 25 厘米 × 25 厘米的空白区域进行复制。在贴落画心完成清洗后，对照画心的变化斟酌选择使用。接下来，对截取图像进行编辑，适当提高图像的亮度和饱和度，以便与清洗后的画心色彩相匹配。

为能与蜡笺纸纸基相一致，笔者选用一种两层托合的夹宣纸作为复制用纸。喷绘用宣纸的表面一般都涂布有涂层材料，用于确保喷绘墨滴的稳定性与准确的色彩还原能力。而这种涂层材料恰好与蜡笺纸表面的矿物填充层有相似的质感效果。这也使得复制出的补纸更接近蜡笺纸未上蜡时的效果。蜡笺纸补纸的复制打样与文物原件共同放置于 D65 标准光源下进行比较评估。根据评估结果对数字图像进行微调，然后再次打样比较。这里还需考虑到补纸在涂布蜡层以后颜色还有可能变深，因此要求复制人员适当做出调整，减淡补纸的输出色彩，而不是与贴落原件颜色完全一致。这个过程需反复几次，最终使复制补纸的色彩与贴落原件色彩达到恰当的匹配状态，并在这一基础上完成对补纸的最终输出。

补纸复制好后就可以进行贴落画心的修复了。画心周边的霉渍污点附着力很强，使用软毛刷轻扫无法去除，用手触摸这些污渍时发现有凸起感，说明污渍已经粘结在画心表面。单纯使用清扫和水洗都无法清除这些污渍，因此要使用马蹄刀将画心表面的霉污轻轻刮掉。随着污渍的剥落，霉渍颜色渐淡，这时可使用排笔蘸清水清洗画面上的灰尘。起初，渗透画心的流水浑浊有色，随着清洗的进行，水色不断变浅，并最终变得清透，这证明画心已经清洗干净了。

将复制的两块补纸材料与清洗后的画心进行比较，发现经过清洗后的画心颜色减淡不少，而取自画心左上角区域所复制的补纸霉渍颜色有些偏重。最终决定使用取自画心左下角区域所复制的补纸作为贴落的修补材料。由于工作流程的制约，尽管在补纸复制时已经预先提高补纸的亮度和饱和度，但补纸与画心间还是存在着细微的色差。为使二者的颜色更加接近，需先对补纸施以胶矾水，然后用板刷将花青、藤黄、墨汁的颜色水分次轻涂于复制的

补纸之上，再将白粉水分三次涂于补纸上，待补纸晾干后，颜色会与画心更加一致。（图 5.187）

图 5.187　复制出的补纸

接下来开始对画心进行揭裱。揭去画心的托纸后，开始修补画心。首先用马蹄刀尖轻刮画心背面残缺的边口，使画心残缺的纸边产生斜坡毛口状，然后在边口添加糨糊，再将剪裁好的补纸潮水后对齐缺口，用刷子刷平补纸，在纸与画心接口 0.3 厘米处，用马蹄刀轻轻刮掉补纸接口多余的纸边，这样，两纸自然搭界平坦过渡，然后刷实两纸修补处。补全画心后，染制与画心颜色相近的纸，并用色纸托画心，缺损的画面经过补纸的修补已经变得完整。接下来在贴落的背面整体施以胶矾水，这么做的目的是防止"漏矾"，即防止随后画心全色、接笔时颜色渗漏的发生。

虽然补纸的颜色在经过精心调整后已经与画心基本一致，但由于补纸表面缺少蜡层因而毫无光泽，二者在质感上的差距十分明显。因此下一步需要对补纸进行上蜡处理。故宫博物院的科技保护人员曾使用猪鬃刷蘸上熔化后的川蜡在纸面上擦蹭的方法复制蜡笺纸表面的蜡层，但这种方法并不适用于本件乾隆御笔贴落的修复。原因在于补纸上蜡操作必须在画心修补之后进行。如事先使用猪鬃刷对复制的补纸进行上蜡，在随后的修补阶段补纸蜡层会因遇水而失去光泽。而使用猪鬃刷蘸上蜡的方法需要以"横竖法、八字法、圆圈法"等手法将蜡施于纸张表面，这种方法适合大面积的蜡层制作。对于修补后仅有 70 平方厘米的补纸来说，猪鬃刷上蜡难以操作，况且补纸与画心已经补为一体，贸然使用猪鬃刷可能对文物本身产生不利的影响。针对如此小面积的补纸，可使用砑石进行上蜡。方法是将川蜡涂布在砑石上，在补纸正面进行砑光。这样可以严格保证上蜡操作仅在补纸区域内进行，而不会影响到文物画心的其他区域。对照蜡笺纸的蜡层效果，将补纸砑光到与之相一致。

本件贴落尺寸不大，因此在完成修补托心、画心覆背、镶贴绫边等工序后，可将裱件贴于活动贴板上，后续的全色、接笔工作可直接在贴板上完成。这样做一方面减少了裱件上下墙的次数从而保护了贴落画心，另一方面也延长了贴画的时间，贴落会更加平整。

由于贴落右上缺失一角，而且伤及乾隆御笔书法的文字本身，因此在完成贴落画心的修补后，按照传统的中国书画修复程序，需要对画心进行全色、接笔。所谓全色，"是将古旧书画残缺处新修补的颜色'全'成与原件一样的颜色，使整个画面呈现完整性"。接笔则是指"将原画中画意缺失处的内容接补起来，使画面尽量趋于完整"。[①] 基于不同的文物修复理念，对于书画修补后是否进行接笔、全色一直存在争论。对这件乾隆御笔贴落进行全色、接笔主要是出于对最大限度保存画面信息原则的遵守和对中国书画修复传统的尊重。

中国书画作品大多以纸、绢作为载体，这些材料的特性造成了大多数书画的画面信息会伴随着霉变、虫蛀、老化等现象逐渐消亡。这是不可逆转的自然规律，文物保护无法停止文物的老化进程，只能尽可能减缓老化的进程，这是不容回避的事实。具体到这件乾隆御笔贴落，其中"五"字目前仅缺右上方一小部分，缺失笔意较易推导出来，也较容易恢复该字的本来面目。试想，如果将来画面信息进一步缺失就更不容易进行接笔了。当然，接笔是有严格的条件限制的，特别是书法作品，接笔文字必须确定无误，以免接笔后造成文意的错误。由于缺损不多，贴落中"五"字本就清晰可辨，再加上有乾隆

---

① 郭文林：《中国古书画修复如何借鉴"最小干预原则"——以传统书画修复中的接笔为例》，《故宫博物院院刊》2011 年第 4 期，第 154 页。

御制诗的记载作为印证，文字的确定可以做到准确无误。

对修复书画进行全色、接笔是中国书画装裱修复的传统。这种传统也是基于中国书画的特点而形成的。试想，如果书画修补后不进行全色，画面上就会留下诸多空白的部分，而这种不完整感是违背中国书画传统的审美习惯的，会严重影响整件作品的艺术效果。

当然，对贴落的接笔一定要本着审慎严谨的态度，没有十足的把握切不可贸然进行。对本件贴落进行接笔的并非装裱师，而是具有三十年书画复制经验的摹画专家。他们曾对甘肃省张掖市博物馆所藏明英宗朱祁镇诏书进行过接笔，取得了非常好的效果。加之乾隆皇帝的书法特点鲜明，参考贴落上其他文字的风格，对"五"字的接笔效果是有保证的。接笔专家经过反复揣摩原件字体书写的特点，着重研究了乾隆用笔的起承转合的变化，以及墨色的新旧程度等细节因素，最终完成对本件贴落的接笔。（图 5.188）

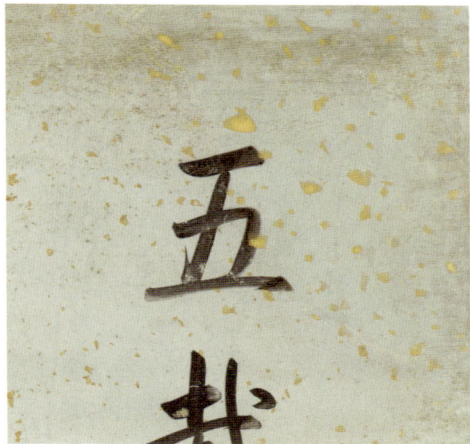

图 5.188　接笔后的文字

在复制补纸时，蜡笺纸上的撒金斑点已经一同复制出来，但因复制补纸的喷绘设备无法输出黄金专色，撒金斑点实际上是淡黄色而没有金箔的质感。为弥补质感上的不足，摹画师使用金粉加胶制成金泥，按照撒金斑点的形状将泥金颜料均匀地施画在补纸上，达到几可乱真的效果。最后，对画心表面纵横折痕进行全色，完成对整幅画面的修复。（图 5.189）

综合复制技术在古书画复制领域已有一些成功的案例。通过本件乾隆御笔贴落的修复，我们发现了这项技术更广阔的应用领域。宫廷书画总是以材料的考究、工艺的繁复、绘制的精美为人们津津乐道，但与此同时也为修复它们的文保科技人员制造了更大的困难，提出了更高的要求。很多宫廷书画材料的制作工艺已经失传，宫廷书画的修复被缺乏修复材料所困扰。综合复制技术为传统的古书画修复提供了更多样的手段。相对于综合复制技术的广阔的应用前景，修复乾隆御笔贴落所使用的技术仅仅是初露锋芒。随着对该技术应用经验的不断积累，其应用手法势必会越发成熟灵活，这一技术必将在多种类型的书画文物修复中发挥更大的作用。

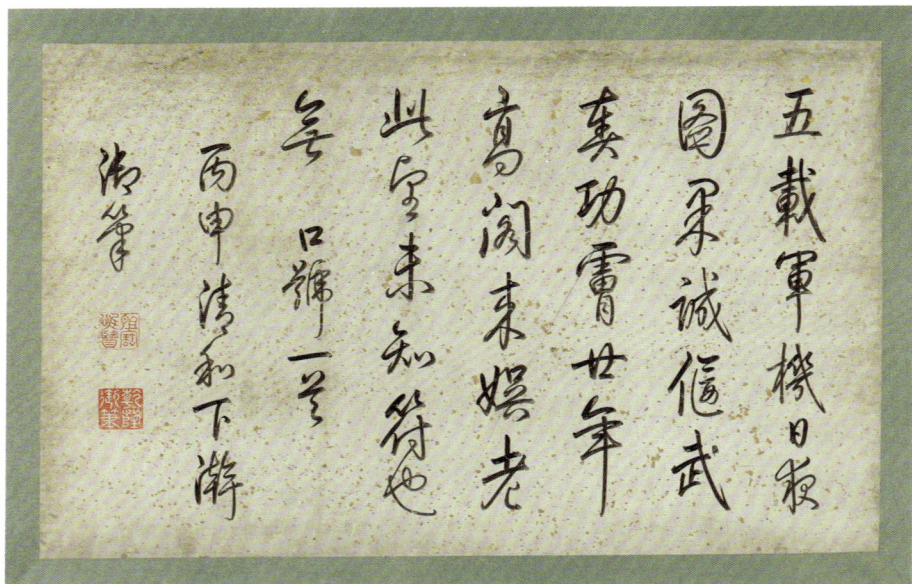

图 5.189　修复后的乾隆御笔《符望阁口号贴落》

插图索引

第二章

第五章

图 5.73　原件（左）与复制品（右）山石皴笔细节对比

图 5.74　（明）王谔《踏雪寻梅图》复制品

图 5.75　（清）禹之鼎《题扇图》原件，故宫博物院藏

图 5.76　复制品青绿做旧细节

图 5.77　（清）禹之鼎《题扇图》复制品

图 5.78　［意］郎世宁《花鸟册页》原件 1，故宫博物院藏

图 5.79　［意］郎世宁《花鸟册页》原件 2，故宫博物院藏

图 5.80　［意］郎世宁《花鸟册页》复制品 1

图 5.81　［意］郎世宁《花鸟册页》复制品 2

图 5.82　［波西米亚］艾启蒙《十骏犬图册》原件 1，故宫博物院藏

图 5.83　［波西米亚］艾启蒙《十骏犬图册》原件 2，故宫博物院藏

图 5.84　《十骏犬图册》犬毛细节与中国传统撕毛画法比较

图 5.85　［波西米亚］艾启蒙《十骏犬图册》复制品 1

图 5.86　［波西米亚］艾启蒙《十骏犬图册》复制品 2

图 5.87　（清）丁观鹏《第九拔嘎沽拉尊者》原件，故宫博物院藏

图 5.88　原件面部细节

图 5.89　复制件鼯鼠皮毛、衣着纹饰细节

图 5.90　复制品背面托色

图 5.91　（清）丁观鹏《第九拔嘎沽拉尊者》复制品

图 5.92　（清）姚文瀚《七夕图》原件，故宫博物院藏

图 5.93　（清）姚文瀚《七夕图》复制品

图 5.94　（唐）李白《上阳台》帖原件，故宫博物院藏

图 5.95　复制品清除纸张纹理后产生的空白

图 5.96　（唐）李白《上阳台》帖复制品

图 5.97　（宋）米芾《行书苕溪诗卷》原件，故宫博物院藏

图 5.98　（宋）米芾《行书苕溪诗卷》复制品

图 5.99　复制品复制出的纸张痕迹

图 5.100　（元）王蒙《夏日山居图》原件，故宫博物院藏

242